Stefan Schwidder

Ich schreibe, also bin ich

Schritt für Schritt zur eigenen Biographie

D1672084

Impressum

(c) 2004 Stefan Schwidder Hamburg

Herstellung und Vertrieb:

Sequenz Medien Produktion/
Zentrum für Biographisches Schreiben
Welden 18
86925 Fuchstal
Tel. 082 43 / 99 38 46
Fax 082 43 / 99 38 47

www.biographiezentrum.de
info@biographiezentrum.de

Druck: AZ Druck und Datentechnik GmbH Kempten

ISBN 3-935977-45-X

Stefan Schwidder

Ich schreibe, also bin ich

Schritt für Schritt zur eigenen Biographie

Zentrum für Biographisches Schreiben

für meine Eltern

Inhaltsverzeichnis

1. KAPITEL

Einige Vor-Worte

»Ein jeder Mensch hat seine Geschichte,
die es wert ist, gekannt zu sein.«
(Friedrich Maximilian von Klinger,
deutscher Dramatiker)

Sie halten dieses Buch in den Händen – also sind Sie offenbar gerade dabei, sich in irgendeiner Form mit autobiographischem Schreiben zu beschäftigen. Ich möchte Sie dabei unterstützen, indem ich Ihnen praktische Hilfen an die Hand gebe, mit denen Sie auf Ihrem ganz persönlichen Schreib-Weg weiterkommen, vielleicht auch überhaupt erst einmal starten können. Ich möchte Sie Schritt für Schritt begleiten, so dass aus Ihren ersten Ideen und Erinnerungen am Ende genau das wird, was Sie sich wünschen: Ihre eigene, fertige Biographie.

Wahrscheinlich werden Ihnen bereits viele Gedanken und Fragen durch den Kopf gegangen sein, die ungeordnet durcheinander wirbeln und neben großer Freude, die eigene Lebensgeschichte aufschreiben zu wollen, auch Unsicherheiten, Selbstzweifel und vielleicht sogar Ängste hervorrufen: Was ist eigentlich eine Autobiographie? »Muss« ich mein ganzes Leben aufschreiben? Wie und wo fange ich überhaupt an? Wie komme ich an alle meine Erinnerungen heran – auch an die, die mir im Moment einfach nicht einfallen wollen? Gehe ich chronologisch vor, oder gibt es andere Möglichkeiten? Kann ich überhaupt richtig schreiben? (In der Schule habe ich doch nie Aufsätze gemocht ...) Ist mein sprachlicher Ausdruck ausreichend? Was mache ich, wenn plötzlich lang Verschüttetes und Verdrängtes hochkommt – und das dann weh tut? Und schließlich jene Frage, die sich oft am lautesten in den Vordergrund drängelt: Ist mein Leben überhaupt interessant genug, um aufgeschrieben zu werden?

Fragen

Die erste Antwort möchte ich Ihnen hier gleich am Anfang geben: Ja, schreiben Sie los – es IST wichtig, dass Sie Ihre Erinnerungen festhalten, nicht nur für Sie selbst, sondern auch für andere. Sie können, müssen aber nicht 80 Jahre oder älter sein, um die eigene Biographie zu verfassen. Entscheidend ist, dass Sie etwas wirklich sagen, erzählen, weitergeben möchten. Und das kann auch mit 30, mit 45 oder mit 60 der Fall sein. Und dabei spielt es überhaupt keine Rolle, ob sie vermeintlich »große« Dinge erlebt haben – groß im Sinne von »für die Öffentlichkeit interessant". Schauen Sie einmal sehr genau hin: Sie werden entdecken, dass Ihr eigenes Leben sehr viel mehr berichtenswerte Ereignisse liefert, als Sie vielleicht zunächst angenommen haben. Außerdem sind viele der »kleinen« Begebenheiten in Wirklichkeit spannendster Lesestoff.

Erinnerungen weitergeben

Oft äußern Menschen, dass Sie ihren Kindern oder Enkeln gerne zeigen würden, wie ihre ganz persönliche Geschichte aussieht, was sie zu der Person gemacht hat, die sie heute sind – mit allen Facetten, allem Reichtum, allen Fehlern. Sie wünschen sich, dass ein Bild entstehen möge, das unvergänglich in die Zukunft hineinreicht. Sie möchten, dass sie wirklich er- und gekannt werden, dass sie, vielleicht zum ersten Mal, das sagen können, was sie schon immer einmal sagen wollten, was ihnen persönlich wichtig ist. Manchmal rührt sich ganz verschwommen das Gefühl, dass man Dinge erlebt hat, die Menschen außerhalb des eigenen Familien- und Freundeskreises ebenso interessieren, die auch anderen helfen und neue Einsichten aufzeigen könnten. Vertrauen Sie solchen Empfindungen – sie werden Sie nicht täuschen.

Aus der Praxis
- für die Praxis

Dieses praxisorientierte Buch ist aus meinen Seminaren und Gesprächen mit schreibenden Menschen unterschiedlichen Alters entstanden, die alle als Ausgangspunkt ihr eigenes Leben gewählt haben. Bestimmte Fragen, Wünsche und Themen tauchen dabei immer wieder auf – ich nehme diese Überlegungen als Leitfaden, um Ihnen konkret, verständlich und anwendbar wichtige Tipps und Hilfsmittel zur Verfügung zu stellen, damit Sie Ihre Autobiographie vom ersten Schritt bis hin zum fertigen Buch selbst gestalten können: Hinweise zum Finden von Erinnerungen, zu Stil und Ausdruck, zu Aufbau und Struktur, zur abschließenden Gestaltung, zu inhaltlichen Fragen sowie zu solchen, die Ihre Gefühle betreffen, wenn es einmal hakt oder wenn Sie sich nicht sicher sind, ob Sie bestimmte Dinge schreiben »dürfen«. In jedem Kapitel können Sie mit entsprechenden Übungen Ihr Schreiben trainieren, Sie erhalten außerdem Adressen und Literaturtipps, um sich zu einzelnen Fragen noch gezielter informieren zu können.

Der Aufbau des Buches entspricht in weiten Teilen der Struktur des Erinnerungs-, Schreib- und Gestaltungsprozesses — selbstverständlich sind die einzelnen Kapitel in sich abgeschlossen und übersichtlich gegliedert, so dass Sie auch nach Lust, Laune oder bei konkreten Fragen zu einzelnen Aspekten direkt an den entsprechenden Stellen nachschauen können.

Lassen Sie sich an die Hand nehmen! Vertrauen Sie darauf, dass Sie sehr wohl schreiben können, machen Sie sich mit Spaß und Leidenschaft an die »Arbeit« — und halten Sie auch durch, wenn Sie einmal zweifeln sollten, wenn Sie nicht weiterkommen oder sogar alles hinschmeißen möchten. Dieses Buch soll Ihnen Mut machen: Mut, einen oft nicht ganz einfachen und manchmal schmerzhaften, aber immer wieder auch fröhlichen, erleichternden, klärenden und (be)lohnenden Weg zu gehen, der ganz Ihr eigener ist — und bei dem Sie sich besser als je zuvor kennen lernen werden.

Spaß, Mut und Vertrauen

»Was immer du meinst oder glaubst, tun zu können, beginne es. Handeln enthält Magie, Anmut und Kraft.«
(Johann Wolfgang von Goethe, deutscher Dichter)

»Fangen Sie an zu schreiben — heute ist der beste Tag dafür.«
(Stefan Schwidder)

2. KAPITEL

Erste Überlegungen

In diesem Kapitel möchte ich mit Ihnen über einige Dinge nachdenken, die vor oder über dem autobiographischen Schreiben stehen. Wenn Sie es gar nicht mehr erwarten können, gleich loszuschreiben, dann lesen Sie einfach direkt im nächsten Kapitel weiter. Kommen Sie später aber noch einmal hierher zurück – eine kurze Beschäftigung mit den folgenden Punkten wird für Sie selbst und Ihr Schreiben wichtig sein.

Es ist IHR Leben   »Biographie« bedeutet wörtlich »Lebensbeschreibung«. Sie be-schreiben also Ihr Leben und lernen so zunächst einmal sich selbst kennen. Zugleich verstehen Sie aber auch Ihre Mitmenschen und Ihre Zeit besser. Tagebücher und persönliche Aufzeichnungen erfüllen in dieser Hinsicht einen sehr ähnlichen Zweck – sie helfen, uns selbst besser zu verstehen: Die eigenen, oft ungeordneten Gedanken und Befindlichkeiten werden bewusst formuliert und damit ans Licht geholt, bearbeitet, geklärt. Schon indem Sie verständliche, im weitesten Sinne grammatikalisch einwandfreie Sätze formulieren, zwingen Sie sich – positiv gemeint – diffuse Gedanken zu ordnen, zu strukturieren. Diese Selbsterfahrung stellt einen großen Schritt dar hin zu einem neuen Selbstgefühl und einem fast wörtlich zu verstehenden Selbst-Bewusstsein. Wenn Sie sich schreibend Ihrem Leben nähern, gewinnen Sie am Ende dieser einmaligen Reise einen unermesslichen, mit nichts aufzuwiegenden Schatz: sich selbst. Wege und Möglichkeiten öffnen sich, geben den Blick frei auf das, was oft fest und tief im Unterbewussten versteckt ist.

Bewegung   Dinge zu klären, sich ihrer bewusst zu werden, führt natürlich auch zu einer Reinigung, einer Erleichterung (da steckt das Wort »leicht« drin!): Wenn wir unser Leben beschreiben, schreiben wir uns damit eine Last von der

Seele weg, die Schwere landet auf dem Papier. Nehmen Sie einfach einmal die beiden Vorsilben von be- und weg-schreiben, schon zeigt sich Ihnen die ganze Bedeutung dieses Vorganges: »be« und »weg« ergibt »beweg-en«. Durch autobiographisches Schreiben bewegt sich etwas – Ihr Leben, auch in der Gegenwart, verändert sich. Durch die Klärung der Vergangenheit wird Gegenwart und Zukunft erst möglich: Fehler müssen nicht noch einmal gemacht werden, wenn sie als solche erkannt sind. Sie können vielleicht Situationen, Einstellungen und Handlungen, die Sie schon lange ändern wollten, besser einschätzen und dann ändern. Abstrakte Werte wie Glück und Freude, Trauer und Schmerz nehmen auf einmal ein deutliches Gesicht an, tauchen in Bildern des eigenen gelebten Lebens auf – und ermöglichen auf diese Weise, das noch vor uns Liegende wesentlich konstruktiver und einfacher angehen zu können. In dieser Bewegung steckt natürlich auch der Begriff »Weg« mit drin, und damit die alte Weisheit: Der Weg ist das Ziel.

Durch autobiographisches Schreiben räumen Sie in der Seele auf: Wir alle wissen, wie befreiend Entrümpeln und Saubermachen sein kann, das Trennen von alten Dingen, die uns nur noch im Weg herumstehen, auf dem Dachboden gehortet werden oder als Ballast empfunden werden. Sie sortieren aus, schaffen Frei-Räume, die wieder gefüllt werden können, ohne, dass Altes den Weg versperrt. Stellen Sie sich einfach vor, dass jeder Mensch ein Gefäß ist, in das immer mehr hineingelegt wird und hineinfließt. Von Zeit zu Zeit muss ein Ventil geöffnet werden, damit es nicht überläuft. Manchmal fotografieren Menschen Dinge, bevor sie sie wegwerfen oder weggeben – als Erinnerung, die aber jetzt keinen Raum mehr versperrt. Genau so halten Sie beim Schreiben Ihre Lebensgeschichte auf dem Papier fest: Sie fließt aus diesem Ventil heraus, sortiert sich und versperrt Ihnen nun nicht mehr den Blick auf andere oder neue Dinge.

Aufräumen

Dieses Aufräumen hat nicht nur Auswirkungen auf Sie selbst, sondern auch auf die Menschen in Ihrer Umgebung.

Für Sie und andere

15

Lange, bevor die Menschen schreiben konnten, gaben sie ihre Erfahrungen und Erlebnisse mündlich an die Nachkommen weiter: Auch sie räumten damit auf. Nun sitzen wir heute nicht mehr um ein Höhlenfeuer herum, und auch das Erzählen daheim im Wohnzimmer im Kreis der Familie findet nur noch sehr selten statt. Gerade deshalb ist die moderne Form des Erzählens – die Weitergabe der eigenen Lebensgeschichte in Form einer Autobiographie – immens wichtig. Denn es lässt sich beobachten, dass immer noch und immer mehr Kinder und Enkel an der Lebensgeschichten ihrer Eltern oder Großeltern, dass Menschen an den Lebensgeschichten anderer interessiert sind.

Das beweist auch die Fülle an Biographien, die uns in immer größerem Umfang von den so genannten Prominenten vorgesetzt werden und zum Teil reißenden Absatz finden. Zufall? Wohl kaum. Außer, wenn man das Wort im Sinne von »zufallen« versteht – dass uns allen nämlich jene Dinge zufallen, die genau zu unseren eigenen Bedürfnissen und Wünschen passen. Wer hat nicht schon einmal voller Neugier über das Leben, Lieben und Leiden jener gelesen, die uns täglich in der glitzernden Medienwelt umgeben? Das ist – unabhängig von Qualität, Seriosität und persönlichem Geschmack – wichtig, spiegeln diese Darstellungen doch grundsätzlich nur unser eigenes Leben, zeigen sie doch auch nur, dass es sich dabei um Menschen handelt mit exakt den gleichen Gefühlen, Hoffnungen, Irrtümern und Fehlern, wie wir sie von uns selbst kennen.

»Poesie tritt oft durch das Fenster der Unwesentlichkeit herein.«
(Mary Caroline Richards,
amerikanische Künstlerin und Dichterin)

Selbst-Bewusstsein   Der Nachteil an diesen Glitzerbiographien ist, dass sie oft den Blick für jene wichtigen Momente verstellen, die unsere eigene Biographie ausmachen, da sie uns eine in Teilen künstlich erzeugte Scheinwelt vortäuschen. Viele Menschen haben daher die (völlig unberechtigte) Scheu, sich selbst die ganz natürliche Bedeutung zuzumessen, dem eigenen Leben einen entsprechend wichtigen Raum zuzugestehen. Machen Sie sich spätestens jetzt ganz klar: Jedes Leben ist einzigartig und daher uneingeschränkt wert, in seiner ganzen aufregenden, reichen und einmaligen Bandbreite gezeigt zu werden. Das Leben eines Bergarbeiters birgt genauso viele Geschichten, die faszinierend, lustig oder spannend sind und nicht vergessen werden dürfen, wie das einer Hausfrau, eines Börsenmaklers oder einer Astronautin. Nicht jene Taten sind nämlich »groß«, die uns täglich vorgeführt werden, sondern die, die menschlich sind: die Bewältigung von Herausforderungen, die Irrtümer und Erfahrungen, die Wünsche, Sehnsüchte und Hoffnungen, die Freuden und das Leid, die uns form(t)en. Alle Menschen stellen sich schließlich die gleichen Fragen: Wer bin ich – und warum bin ich zu der Person geworden, die ich bin? Wo komme ich her, wo gehe ich hin? Was habe ich gelernt, welches Wissen habe ich mir angeeignet? Wie bin ich im Boden verankert – und wo haben diese Wurzeln ihren Ursprung? Sie geben sich mit dem autobiographischen Schreiben selbst eine kleine Bühne – und spüren dadurch, dass Sie eine Bedeutung hatten und haben. Es gehört Mut dazu – Mut, sich und seine innersten Gefühle offen zu legen, auch sich selbst gegenüber. Aber es lohnt sich! Denn ohne, dass Sie ein Gegenüber brauchen wie zum Beispiel beim Briefeschreiben, erhalten Sie Antworten.

Tipp: Ehrliche Fragen

Wenn Ihnen Ihre eigene Sprache an manchen Stellen bereits beim Schreiben künstlich, ungenau, unaufrichtig oder umständlich vorkommt, dann kann das Gründe haben, die außerhalb von Stilaspekten liegen. Stellen Sie sich zur Probe folgende Fragen:

o Kann es sein, dass ich mich einer Erinnerung nicht stellen möchte?
o Schreibe ich wirklich, was ich denke?
o Verschweige ich Wahrheiten?
o Bin ich ehrlich (mit mir)?

Unser Lebensmosaik Biographisches Arbeiten ist ernst und heiter – wie das Leben selbst. Wir dürfen beides berücksichtigen, nur so wird es vollständig. Neben den fröhlichen Erinnerungen sind nämlich gerade die individuellen Krisen und ihre Überwindung interessant: Sie stellen in jedem Leben entscheidende Reifeprozesse dar. Blicken Sie zurück: Sie werden feststellen, dass Sie besonders durch die schwierigen Momente gewachsen sind; denken Sie zum Beispiel an Trauerbewältigung oder den Umgang mit Verlust. Niemand ist unfehlbar, manchmal bedarf es mehrerer Anläufe – aber mit jedem lernen Sie Neues, können mit vergleichbaren Situationen, die Ihnen im weiteren Verlauf Ihres Lebens begegnen, besser umgehen. Mit zunehmender Anzahl von Lebensjahren wächst unsere Erfahrung, unsere Reife, unser Wissen. Mit jedem Irrtum, mit jeder geglückten Handlung wachsen wir innerlich. Führen Sie sich diese Wahrheit deutlich vor Augen und zeigen Sie auf diese Weise Ihren Standpunkt: Hier stehe ich, so bin ich, so war ich, oder auch sinnreich: so »wahr« ich. Nehmen Sie Ihre Wahrheit so, wie sie ist!

Ich möchte Ihnen noch einen letzten Aspekt nahe legen: Geschichte erhält durch autobiographisches Schreiben ein Gesicht – oder besser gesagt: Tausende, unzählige verschiedene Gesichter, nämlich genau so viele, wie Menschen ihre Biographien schreiben. Abstrakte Abläufe, historische Ereignisse, gesellschaftliche Strömungen und Entwicklungen – sie alle werden begreifbar und verständlich, weil sie sich aus den einzelnen Menschen zusammen setzen, durch das persönliche Erleben und Erinnern erst sichtbar werden. Mit jeder Autobiographie wird Zeitgeschichte verständlicher, werden Toleranz und Verständnis möglich, können Vorurteile ein Stück weit abgebaut werden. Auch durch Ihre ganz persönliche Geschichte. Das alleine ist Grund genug zum Schreiben.

3. KAPITEL

Grundsätze autobiographischen Schreibens

Wenn Sie autobiographisch schreiben wollen, sollten Sie einige grundsätzliche Überlegungen anstellen, die Ihnen den weiteren Schreibweg erleichtern und das Gesamtbild Ihrer Biographie im wahrsten Sinne des Wortes verbessern. Bereits mit dem ersten Wort können nämlich Fallstricke, Sackgassen und die Gefahr von »Eigentoren« auftauchen – umgehen und vermeiden Sie sie, indem Sie sich vorab bestimmte Dinge bewusst machen!

Weg mit den Erwartungen

Es geht für Sie nicht um den Literatur-Nobelpreis! Lassen Sie sich Zeit mit Ihrem Schreiben und setzen Sie Ihre Erwartungen an sich selbst nicht zu hoch an. Niemand verlangt von Ihnen, dass Sie eine in allen Details perfekte Autobiographie abliefern. Bleiben Sie fröhlich und entspannt! Und seien Sie ehrlich – wenn Sie aufrichtig mit sich selbst und anderen gegenüber sind, können Ihre Geschichten gar nicht langweilig werden. Machen Sie sich immer wieder klar, dass Sie nur dann gut schreiben können, wenn Sie mit Spaß und Leidenschaft bei der Sache sind – und nicht mit Druck. Wenn Sie die ersten Stunden Geigenunterricht nehmen, können Sie auch nicht gleich ein Konzert mit den Philharmonikern geben. Aber Sie können irgendwann sehr wohl einen gelungenen Musikabend für Ihre Familie und Freunde gestalten. Und zwar mit Freude und einem guten Gefühl im Bauch.

Finden Sie Ihre eigene Sprache

Eine der grundlegendsten und wichtigsten Regeln für Ihr gesamtes autobiographisches Schreiben: Sie wollen IHR Leben erzählen, also wählen Sie auch Ihren ganz persönlichen, zu Ihren Erinnerungen und Ihrem Charakter passenden Ton! Versuchen Sie nicht, andere Schreibende zu imitieren – seien es Bekannte, Freunde, Schreibgruppenteilnehmer oder »echte« Autoren. Fragen Sie sich bei jedem Satz Ihrer Texte: Würde ich, wenn ich die Geschichte einem Freund oder einer Bekannten erzähle, wirklich solche Formulierungen wählen? Vermeiden Sie eine gestelzte Sprache, die besonders literarisch oder originell wirken soll. Sie tut es nicht, im Gegenteil. Stellen Sie sich beim Schreiben vor, dass Sie inmitten einer großen Schar neugieriger Zuhörer sitzen und aus Ihrem Leben all jene Geschichten berichten, die Ihnen in diesem Moment einfallen. Lassen Sie sich von Ihren eigenen Gedanken und Assoziationen führen und vertrauen Sie auf den Fluss Ihrer Sprache. Wenn die Texte fertig sind, dürfen Sie sie natürlich glätten, indem Sie kleinere sprachliche Korrekturen vornehmen und alles sortieren. (Mehr dazu in den Kapiteln »Handwerkliches«, »Aufbau« und »Überarbeiten«).

Hören Sie sich zu

Ein praktischer Tipp: Wenn Sie bereits die ersten Geschichten geschrieben haben, dann lassen Sie sie sich vorlesen. Falls gerade niemand da ist, der das übernehmen könnte, sprechen Sie sie auf eine Kassette. Hören Sie sich in beiden Fällen selbst zu und notieren Sie, was an dem Gehörten so klingt, als ob Sie es so normalerweise nicht gesprochen hätten. Sie entdecken Holperer und Wiederholungen. Durch das laute Vorlesen fühlt sich das Geschriebene darüber hinaus einfach besser an und bekommt eine neue, eigene Qualität. Wissen Sie, was Sie feststellen werden? Einfache, klare Sätze hören sich am besten an ...!

Haben Sie Mut zur Lücke

Versuchen Sie nicht, Ihr Leben lückenlos und in allen Einzelheiten aufzuschreiben – das geht schlicht und ergreifend nicht. Außerdem führt es schnell zu einer Überfrachtung, die weder Ihnen selbst noch jenen gefällt, die Ihre Geschichte lesen oder hören. Wenn Sie es dennoch probieren, kann das schnell zu einem Gefühl von Frust und Überforderung führen. Fangen Sie mit kleinen, überschaubaren Schritten an, schreiben Sie das auf, was Ihnen spontan einfällt und zu dem Sie Lust haben. Ideen und assoziative Verbindungen zu anderen Geschichten ergeben sich dann von selbst. (Mehr dazu im Kapitel »Aufbau«.)

Es gibt beim autobiographischen Schreiben keine reine Objektivität. Alles, was Sie erzählen, ist natürlich subjektiv eingefärbt. Das heißt konkret: Es ist Ihre ganz persönliche Sicht der Dinge. Machen Sie sich das klar! Dennoch handelt es sich natürlich im Gegensatz zur fiktionalen Erzählung um eine Wiedergabe von Fakten, von tatsächlich Erlebtem. Und genau das sollen und wollen Sie berichten. Halten Sie sich von Anfang an daran, schließen Sie mit sich selbst eine Vereinbarung: »Ich schreibe meine Geschichte ehrlich und genau so auf, wie ich sie erinnere.« Das erleichtert Ihnen nicht nur den Umgang mit sich selbst: Sie müssen nicht nach Dingen suchen, die gar nicht da sind oder waren – und Ihr Text wird auch wesentlich authentischer. (Mehr zu diesem Thema finden Sie im Kapitel »Dichtung und Wahrheit«.)

Bleiben Sie bei der Wahrheit

Die Autobiographie ist kein Ort für Rache oder Abrechnungen! (Auch, wenn sie bei den so genannten »Prominenten« manchmal dazu genutzt wird.) Versuchen Sie nicht, Ihre Leser oder Zuhörer bewusst oder unbewusst zu manipulieren, zu missionieren oder auf Ihre Seite zu ziehen. Wenn Sie eine eigene Meinung oder Anschauung zu bestimmten Dingen haben, dann stellen Sie sie auch als Ihre dar und zielen Sie nicht darauf ab, andere zu bekehren, es genauso zu machen. Der erhobene Zeigefinger bringt gar nichts – Sie würden es ja auch nicht mögen, wenn Ihnen jemand seine Meinung aufdrücken wollte. Das geht auch am Sinn Ihrer Autobiographie vorbei: Sie wollen damit ja sich selbst zeigen und nicht andere verändern. Befreien Sie sich ganz von der Vorstellung, dass Ihre Sichtweise auch die der anderen ist. Ist sie nicht. Wenn Sie das verstanden haben, dann lösen sich auch die meisten der vorhandenen Schwierigkeiten im Umgang mit anderen Menschen in einem flüchtigen Rauchwölkchen auf ... Denken Sie an den Satz des französischen Philosophen und Schriftstellers Michel de Montaigne: »Ich belehre nicht, ich erzähle.«

Werten Sie nicht

Ein weiterer Begriff, der zu diesen Überlegungen passt, ist Bescheidenheit. Er mag zwar vielleicht etwas antiquiert

Bewahren Sie Bodenhaftung

oder komisch klingen, ist aber sehr wichtig. Wenn Sie etwas Großes erreicht oder geschafft haben, dann seien Sie zu Recht stolz darauf – aber stellen Sie es nicht andauernd in den Mittelpunkt Ihrer Autobiographie. Berichten Sie lieber, was genau geschehen ist, wie der Weg dorthin aussah (und der war bestimmt nicht durchgehend leicht und erfolgreich) und lassen Sie so anderen Menschen die Möglichkeit, Sie zu (er)kennen. Ohne, dass Sie Worte wie »großartig«, »unvergleichbar« oder »echt toll« für sich und Ihre Leistung wählen, können Sie trotzdem das Besondere herausheben, das Sie ausmacht. Und dann wirkt es um so beeindruckender.

Übung 1: Rückblick

Schreiben Sie zwei Texte. Im ersten erzählen Sie, was Sie in Ihrem Leben richtig stolz gemacht hat. Und im zweiten, auf was Sie im Nachhinein gar nicht stolz sind. Diese Übung schafft ein gesundes Gleichgewicht ...!

Die Weltgeschichte ist bekannt, nicht aber Ihr Erleben

Daten und Ereignisse der so genannten Weltgeschichte verbinden uns Menschen: Wir haben die gleichen Dinge erlebt und können auf gemeinsame Orientierungspunkte zurückgreifen. Dennoch sind Erinnerungen stets verschieden, da sie in jedem Menschen unterschiedliche Bilder hervorrufen. Wenn zehn Personen über ein und dasselbe Ereignis berichten, entstehen zehn verschiedene Geschichten. Natürlich haben alle den gleichen Inhalt und Hintergrund – die Bilder werden aber komplett verschieden sein. Und das ist genau richtig so! Erzählen Sie also nur das, was wirklich spannend ist: IHRE Geschichte. Wir alle kennen die Dinge mehr oder weniger, die in der Welt passiert sind, das können wir in Geschichtsbüchern nachlesen oder haben es selbst miterlebt. Natürlich können und sollen Sie sich und Ihre Geschichte in den historischen Zusammenhang stellen, anders geht es ja auch gar nicht, da Sie nicht im luftleeren Raum leben. Stellen Sie aber in den Text-Mittelpunkt, was SIE zu der betreffenden Zeit, während eines bestimmten Ereignisses gemacht, erlebt und gefühlt haben. Das wollen Ihre Leser wissen – und nichts anderes. Wie haben SIE bestimmte Ereignisse im Krieg und die Kapitulation 1945 erlebt? Wo waren Sie, als John F. Kennedy ermordet wurde? Wie haben Sie den Bau oder den Fall der Berliner Mauer erlebt? Was haben Sie am 11. September 2001 gemacht, als die Flugzeuge ins World Trade Center flogen? Wie haben Sie reagiert?

Sie wünschen eine Bestätigung von prominenter Seite? Bitteschön:

»Denn dieses scheint die Hauptaufgabe der Biographie zu sein,
den Menschen in seinen Zeitverhältnissen darzustellen,
und zu zeigen, inwiefern ihm das Ganze widerstrebt,
inwiefern es ihn begünstigt, wie er sich seine Welt-
und Menschenansicht daraus gebildet (...).«
(Johann Wolfgang von Goethe)

Beschreiben Sie ein öffentliches Ereignis, das Sie in Ihrem Leben berührt hat, zum Beispiel die Mondlandung, eine Fußballweltmeisterschaft, die Teilung Deutschlands – legen Sie aber den Schwerpunkt Ihres Berichts auf Ihr persönliches Empfinden! Wir wollen es durch Ihre Augen sehen: Wie haben Sie diesen Moment erlebt? Wo waren Sie, was haben Sie gerade getan, was haben Sie gefühlt? Welche Folgen hat es für Sie gehabt?

Übung 2:
Das persönliche Erleben

Versuchen Sie danach, andersherum an Geschichte heranzugehen: Beschreiben Sie eine Episode aus Ihrem Familienleben und versuchen Sie, durch Einbeziehen und Erwähnen von zeitgeschichtlichen Dingen (das können Markennamen, Ereignisse, Fernsehsendungen oder Kinofilme, Mode oder Spiele sein) die betreffende Zeit kenntlich zu machen, ohne die Jahreszahl zu nennen. Diese Aufgabe stellt nebenher eine hervorragende Möglichkeit dar, an alte Erinnerungen heranzukommen.

Übung 3:
Zeitkolorit

*Durchleben Sie Ihre
Erinnerungen*

Sinn und Ziel autobiographischen Schreibens ist es, in die Wahrheit der eigenen Vergangenheit hineinzugehen und sie durch das erneute Erleben noch einmal zu begreifen, vielleicht sogar zum ersten Mal überhaupt. Nur so wird Ihr Text zu Ihrem Text, nur so bekommt er ein Gesicht, Farbe, Vitalität, Leidenschaft und Emotionalität: eben Leben, Ihr Leben. Bekommen Sie keinen Schreck: Natürlich kann das schmerzhaft sein oder alte Ängste erneut hervorrufen. Aber machen Sie sich immer bewusst, dass Sie sich in der Sicherheit des zeitlichen Abstandes befinden – und in der des Papiers. Zudem ist gerade das erneute Durchleben oft eine hervorragende Möglichkeit, mit alten Ängsten abzuschließen. (Mehr zu diesem – manchmal nicht ganz einfachen Thema – finden Sie im Kapitel »Der Schmerz der Erinnerungen«.)

Zur Ruhe kommen

Um sich zugunsten der Textstärke und der Lebendigkeit wieder in alte Situationen hineinbegeben zu können, ist Meditation ein gutes Hilfsmittel. Lösen Sie sich zunächst von dem Wort an sich, das manchmal nach »Ich sitze stundenlang auf einem kalten, harten Steinboden und mir tut alles weh, aber ich darf mich ja nicht bewegen« klingt – Meditation, richtig verstanden, ist etwas ganz Wunderbares und Entspannendes. Sie bedeutet nichts anderes, als zur Ruhe zu kommen, die eigene Mitte zu finden, zu entspannen und die Gedankengrütze im Kopf zu beruhigen, die uns unablässig durchwabert. Paul Gauguin hat einmal gesagt: »Ich schließe meine Augen, um zu sehen.« Entdecken also auch Sie Ihre inneren Bilder. Finden Sie Ihren eigenen Weg, wie Sie »meditieren«: Zünden Sie sich eine Kerze an, hören Sie Ihre Lieblingsmusik, gehen Sie spazieren. Oder setzen Sie sich einfach nur bequem hin und atmen Sie tief durch. Und noch ein Tipp: Stellen Sie sich zur Abwechslung einmal vor, dass Sie wieder ein Kind sind, schreiben Sie mit den Augen eines Kindes – neugierig und unvoreingenommen, was da so an Bildern in Ihnen emporsteigt. Oft erhalten Sie dadurch Einsichten, die Ihnen auf dem erwachsenen Weg vielleicht nicht gekommen wären.

Übung 4: Der Kindheitsblick

Finden Sie Ihre innere Mitte, kommen Sie zur Ruhe und wandern Sie in Gedanken in die Vergangenheit zurück. Beschreiben Sie eine Situation aus Ihrer Kindheit mit den Augen eben jenes Kindes, das sie damals waren: Ein Besuch bei den Großeltern, das Spielen in Kriegstrümmern, die Einschulung, eine Urlaubsreise. Benutzen Sie bewusst eine einfache, kindliche Sprache – so, wie Sie damals vielleicht gesprochen haben.

> *Jede Stufe der Bildung fängt mit der Kindheit an.*
> *Daher ist der am meisten gebildete,*
> *irdische Mensch dem Kinde so ähnlich.*
> (Novalis, frühromantischer Dichter)

Die Kraft des Details

Versuchen Sie neben dem »Hineingehen« in Ihre Geschichte so zu schreiben, als würden Sie die Dinge ganz neu erklären müssen, als wäre nichts (selbst)verständlich, als würden Sie Ihre Leser in eine von Ihnen geschaffene Phantasiewelt mitnehmen und ihnen dort die Ereignisse Ihres Leben zeigen und erklären. Ermöglichen Sie es den Lesern, zu Ihren Geschichten in Beziehung zu treten. Dazu passt der Begriff des »Reporters«: Dieser meist im Zusammenhang mit journalistischer Berichterstattung verwendete Begriff stammt aus dem Französischen von »reporter« – »berichten«. Seien Sie ein Reporter, der die einzelnen Schauplätze des eigenen Lebens noch einmal besucht und allen anderen, die nicht mit Ihnen dort sein konnten, von dem berichtet, was dort zu sehen ist. Je genauer und bildhafter Sie das machen, umso deutlicher können alle anderen Ihr Leben nachvollziehen. Schauen Sie genau hin, gehen Sie achtsam durch Ihre Erinnerungen. Die Details Ihrer Geschichte schaffen Vertrautheit und machen gleichzeitig ihr Leben aus. (Mehr dazu im Kapitel »Handwerkliches«.)

»Die Fähigkeit, Freude zu empfinden, ist das Geschenk, das man erhält, wenn man aufmerksam ist.«
(Julia Cameron, amerikanische Autorin)

**Übung 5:
Die Schönheit
des Details**

Kaufen Sie sich eine Blume, die Sie besonders hübsch finden. Stellen Sie sie vor sich hin, entspannen Sie sich und betrachten Sie sie zehn Minuten lang – staunen Sie, was für einen großen Reichtum an unvorstellbarer Schönheit Sie entdecken werden. Schreiben Sie danach alles im Detail auf, was Ihnen aufgefallen ist. Eine Variante dieser Übung (Nr. 46) finden Sie im Kapitel »Das leere Blatt Papier«.

»Verkauf deine Klugheit und beschaff dir Staunen.«
(Rumi, persischer Dichter und Mystiker)

Unsichtbar gewordene Erinnerungen und unbekannte Relationen

Autobiographisches Schreiben ist auch wichtig für die nachfolgenden Generationen: Es ermöglicht ihnen, Vergleiche zwischen der eigenen Lebensgeschichte und der aus früheren Zeiten und Lebensumständen zu ziehen. Relativierungen, Vergleiche und damit einhergehend Verständnis werden möglich: Was war für meinen Vater in einem bestimmten Lebensabschnitt wichtig, was für mich, der ich jetzt genauso alt bin wie er damals? In welchen Verhältnissen sind meine Eltern aufgewachsen, in welchen ich selbst? Und was hat sich andererseits über die Zeit hinweg nicht verändert? Was ist gleich geblieben – erkenne ich eigene Gefühle, Ideen, Träume und Wünsche in den Leben meiner Vorfahren?

Schaffen Sie immer auch Relationen, stellen Sie Bezugsgrößen zur Verfügung: Wie viel waren denn damals 100 Reichsmark wert, als Sie sieben Jahre alt waren? War das viel oder wenig? Was konnte man damals, was würde man heute dafür kaufen können? War Ihre Erziehung streng oder großzügig – vor 50 Jahren und nach heutigen Maßstäben? Erklären Sie immer auch jene Worte, die heute aus verschiedenen Gründen nicht (mehr) allen geläufig sind: Begriffe von Gegenständen, die es nicht mehr gibt, Namen von Orten oder Personen, die nur Sie kennen, Fachbegriffe – wenn Sie zum Beispiel aus Ihrem Berufsleben erzählen. (Lesen Sie hierzu den Beispieltext Nummer 7 im Kapitel »Formen autobiographischen Schreibens«.)

Es ist völlig egal, ob Sie Ihre Erinnerungen nun »Autobiographie«, »Autobiografie«, »Memoiren«, »Erinnerungen« oder noch ganz anders nennen. Halten Sie sich nicht mit Begrifflichkeiten und den damit verbundenen Definitionen auf, die meist nur im literaturwissenschaftlichen Sinne von Interesse sind. Verwenden Sie das Wort, das Ihnen vom Gefühl her am sympathischsten ist und von dem Sie meinen, dass es am besten zu Ihrer eigenen Geschichte passt. Und wenn Sie doch ein wenig in solchen Kategorien denken möchten, dann freuen Sie sich einfach, dass autobiographisches Schreiben die im wahrsten Sinne des Wortes lebendigste Literaturgattung ist.

Und zum Schluss: Schall und Rauch

4. KAPITEL

Schreibzeiten, Schreiborte und Schreibhilfen

»Kleine Taten, die man ausführt,
sind besser als große, die man plant.«
(George Marshall,
amerikanischer General und Politiker)

Fangen Sie heute an mit Schreiben – auch wenn Sie noch nicht wissen, wo das Ganze hingehen soll. Und ich meine das wörtlich: Wenn Ihnen genau in diesem Moment danach ist, dann legen Sie das Buch aus der Hand, setzen Sie sich an den Schreibtisch und schreiben Sie los. Sie können natürlich herzlich gerne auch erst einmal weiterlesen ...

Schreiben, schreiben, schreiben

Schreiben Sie in der kommenden Zeit parallel zum Lesen, zum Erinnern, zum Strukturieren. Sie werden merken: Es geht auch gar nicht anders – denn nur so erkennen Sie Zusammenhänge, entwickeln Sie Stil und Ausdruck, kommen Sie mit dem Aufbau voran. Warten Sie mit dem Schreiben nicht darauf, dass sich Dinge erst »setzen« und »reifen« – das tun sie sowieso ganz von alleine, quasi nebenbei. Und damit Ihre Texte sich überhaupt weiterentwickeln können, müssen sie natürlich erst einmal (zumindest in Teilen) geschrieben sein. Ich halte nicht viel davon, erst zu beginnen, wenn eine bestimmte Zeitspanne zwischen Ereignis und Aufschreiben liegt. Wozu? Erlebnisse müssen manchmal einfach »raus«, für das Überarbeiten ist später immer noch genug Zeit.

Haben Sie Vertrauen: Ihr Schreiben wird sich entwickeln, genau wie sich Ihre eigene Persönlichkeit entwickelt und Ihr Leben lang entwickelt hat. Tasten Sie sich heran! Ihr autobiographisches Schreiben ist ein Können, ein Dürfen – und kein Müssen. Werfen Sie Sätze wie »Ich bin nicht talentiert genug« oder »Das dauert viel zu lange« am besten jetzt über Bord. Sie sind schlicht und einfach falsch.

(K)ein Traum

Eine Dame war mit 60 Jahren in den Ruhestand gegangen und wollte sich nun endlich ihren Lebenstraum erfüllen: Klavierspielen. Sie vereinbarte mit einer Lehrerin eine Probestunde – dort merkte sie, wie erstaunlich leicht sich ihre Finger über die Tasten bewegten, wie viel Spaß sie dabei hatte. Dennoch bat sie sich Bedenkzeit aus. Am folgenden Tag rief sie ihre Klavierlehrerin an und teilte ihr mit, dass sie nicht mit Klavierstunden beginnen würde: »Wissen Sie, es gefällt mir ganz wunderbar – aber um das richtig zu können, so wie Sie, vergehen mindestens zehn Jahre, dann bin ich ja schon 70 ...«
Die Lehrerin am anderen Ende der Leitung erwiderte: »Ja, das ist richtig. Und wissen Sie was? Wenn Sie jetzt nicht anfangen mit Klavierspielen, sind Sie in zehn Jahren auch 70.«
In der darauffolgenden Woche nahm die Frau ihre erste Unterrichtsstunde und spielt seitdem mit viel Freude jeden Tag Klavier.

Handschriftlich oder am Computer?

Ob Sie Ihre Erinnerungen (zunächst) mit der Hand oder am Computer schreiben, ist Ihre ganz eigene Entscheidung. Probieren Sie aus, was Ihnen mehr liegt! Es gibt kein »richtig« oder »falsch«, weil es Geschmackssache und eine Frage der persönlichen Vorlieben ist. Sie können auch erst einmal alles oder nur Ihre Skizzen handschriftlich verfassen und dann in den Computer eingeben. Der PC hat den unschätzbaren Vorteil, dass die formale Arbeit, die Überarbeitung und die spätere Gestaltung stark erleichtert werden (siehe auch Kapitel »Gestaltung«). Früher oder später werden Sie wohl nicht drum herumkommen, den Text einmal in den PC einzugeben oder eingeben zu lassen.

Für das erste Festhalten Ihrer Ideen und Erinnerungen, für die ersten Geschichten gilt: Machen Sie es so, wie es sich für Sie am besten anfühlt. Das können Sie ganz einfach an zwei Dingen messen: Am Spaß, an Ihrer Lust – und am Umfang des bereits aufgeschriebenen Materials.

Seien Sie »allzeit bereit« Wenn Sie sich ins Schreiben, in Ihre Erinnerungsarbeit begeben haben, dann bringen Sie bei sich bestimmte Dinge ins Laufen. Sie werden sehen, dass plötzlich die Ideen zu fließen beginnen. Haben Sie von nun an immer einen Stift und einen kleinen Notizblock bei sich – denn die Ideen fließen meist genau dann, wenn Sie dies gerade NICHT erwarten. Besonders kurz vor dem Einschlafen, wenn Sie bereits gemütlich eingerollt im Bett liegen, kann es sehr nervig und umständlich sein, wieder aufspringen und zum Schreibtisch im Nebenzimmer rennen zu müssen. Also: Auch (oder gerade) auf dem Nachttisch einen kleinen Block mit Stift platzieren. Zur Sicherheit.

Sie können sich auch ein kleines, preiswertes Diktiergerät anschaffen – solche Apparate eignen sich besser bei Ideen oder Erinnerungen, die ein detailliertes Festhalten erfordern, zum Beispiel Dialoge oder ein ganzer Berg an Ideen, der plötzlich auf Sie »einstürmt« ...

Seien Sie gewissenhaft Halten Sie Ihre Ideen unter allen Umständen fest – auch wenn sie Ihnen noch so sicher gespeichert erscheinen. Nichts ist ärgerlicher, als wenn Ihnen eine Idee gekommen ist, Sie sich endlich an eine bestimmte Sache erinnern – und das Ganze ein paar Stunden später vergessen haben. Gerade die Dinge, die wir mit »Ach, das ist so klar, das weiß ich später garantiert noch!« kommentieren (und dann nicht festhalten), sind jene, die am ehesten plötzlich wieder verschwunden sind. Wenn Sie sich also künftig Notizen machen, dann tun Sie sich selbst den Gefallen und formulieren Sie sie bitte auch so, dass Sie hinterher noch wissen, was Sie damit sagen wollten. Übertragen Sie möglichst zeitnah Ihre Stichworte in einen ausgearbeiteten Fließtext!

Und noch etwas: Notieren Sie sich ALLES! Das betrifft auch (oder gerade!) Details, die Ihnen scheinbar zusammenhanglos einfallen. Plötzlich wissen Sie wieder den Namen Ihrer Patentante, den Sie seit Wochen suchen – schreiben Sie ihn auf, auch wenn Sie an der Kasse im Supermarkt stehen. Sie erinnern sich auf einmal wieder ganz deutlich, wie Ihr erstes Fahrrad aussah? Rein damit ins Notizbuch! Sie erkennen wie aus heiterem Himmel, dass sie nicht 1963, sondern erst 1965 in Italien waren? Das Diktiergerät wartet schon!

Welche (Tages-)Zeit ist die beste, um zu schreiben? Und an welchem Ort? Entscheiden Sie auch hier selbst, indem sie ausprobieren, was Ihnen am meisten liegt. Manche Menschen können am besten morgens nach dem Aufstehen schreiben, andere beim Nachmittagskaffee, wiederum andere brauchen die Stille der Nacht, um kreativ zu werden. Einige nutzen die Pausen zwischen zwei Telefonaten oder zwischen Essen und Hausaufgaben der Kinder. Sie werden sehr schnell herausfinden, was für Sie persönlich am geeignetsten ist. *Wann und wo?*

Neben diesen Schreib-Zeiten ist es wichtig, einen Schreib-Ort zu finden, an dem Sie sich in Ruhe (ungestört!) Ihren Erinnerungen und Ihrer Arbeit widmen können. Das kann Ihr Arbeitszimmer sein – genauso gut aber auch die Küche, der Garten, der Park, ein Café oder der Strand. Auch hier gilt: testen! Schaffen Sie sich einen Ort, den Sie ausschließlich für das autobiographische Schreiben reservieren, den Sie damit innerlich in Verbindung bringen – und Sie werden alleine durch diesen Platz angeregt.

Sie sollten sich beim Schreiben wohlfühlen. Das klingt nicht nur einfach, sondern ist es auch. Stellen Sie das Telefon aus und die Klingel ab, schließen Sie die Tür hinter sich und schreiben Sie. Sagen Sie der Familie und den Freunden, dass Sie diese zwei Stunden (oder wie lange auch immer) für sich ganz alleine brauchen – und für Ihre Erinnerungen. Vielleicht müssen sich die Menschen Ihres *Innere und äußere Ruhe*

Umfeldes erst daran gewöhnen, wenn sie aber merken, dass es Ihnen wirklich wichtig mit Ihrem Vorhaben ist, dann werden sie Sie unterstützen. Vergleichbar wäre eine Diät, die Sie beginnen – nur dass Schreiben in der Regel viel mehr Spaß bereitet. Machen Sie sich immer wieder klar: Es ist wichtig, was Sie da machen, und Sie sollten dem Schreiben genauso viel Respekt und Wertschätzung entgegenbringen wie Gesprächen mit Freunden, familiären Verpflichtungen oder den alltäglichen Aufgaben. Das eine schließt das andere nicht aus – es geht nicht um ein »entweder – oder«, sondern um ein »auch«.

Sammeln Sie sich vor dem Schreiben. Nutzen Sie die ersten Minuten der Schreib-Zeit, um im wahrsten Sinne des Wortes zu sich zu kommen. Denn nur, wenn Sie entspannt sind, können auch Ihre Erinnerungen langsam an die Oberfläche zu Ihnen durchdringen. Sie können probieren, was Sie wollen – wenn Sie gestresst und unter Zeitdruck Ihr Schreiben nebenbei dazwischenschieben, dann ist das Scheitern schon programmiert. Je ruhiger Sie innerlich und äußerlich sind, desto einfacher erinnern Sie sich, desto besser können Sie sich noch einmal intensiv in die zurückliegenden Situationen hineinversetzen – und desto flüssiger schreiben Sie natürlich auch. Seien Sie gut zu sich und zu Ihrer Kreativität, pflegen und respektieren Sie sie und wenden Sie sich ihr freundschaftlich zu.

Gute und schlechte Schreibergebnisse

Werfen Sie nichts von Ihrem Geschriebenen weg – auch, wenn es Ihnen einfach nur schlecht oder misslungen vorkommt. Legen Sie sich eine Mappe an, auf der »Schlechtes und misslungenes Zeug« steht und sammeln Sie in ihr die entsprechenden Geschichten. Bewahren Sie sie aber unter allen Umständen auf! Das hat zwei Gründe: Erstens können Sie vielleicht Teile davon später noch einmal bestens verwerten, zweitens sehen Sie später anhand Ihrer »alten« Schriften garantiert auch Entwicklungen, Verbesserungen – sowohl, was Ihr Schreiben hinsichtlich Sprache, Stil und Ausdruck betrifft, als auch ein immer weiteres, freiwilligeres Öffnen und Loslassen.

Lesen Sie! Und zwar nicht nur Biographien (die sind immer gut für Ideen und Anregungen), sondern vor allem auch Ihre Lieblingsautoren. Keine Angst – das fördert kein Nachmachen, sondern tatsächlich ein Finden der eigenen Sprache: Wenn Sie mit einem Stil lesend zurecht kommen, dann wird er Ihnen auch beim Schreiben leicht von der Hand gehen. Und lesen Sie konstruktiv – wenn Ihnen ein Buch nicht gefällt, legen Sie es nicht einfach zur Seite. Machen Sie sich die Mühe und überlegen Sie, was GENAU Ihnen daran nicht behagt. Das Gleiche gilt natürlich auch für Ihre Lieblingsbücher: Was ist es, was sie dazu macht?

Sie MÜSSEN nicht schreiben, sie MÖCHTEN schreiben – und das aus tiefstem Herzen. Seien Sie mit Leidenschaft bei der Sache! Lustbetontes Schreiben schafft die besten Voraussetzungen. Wenn Sie in einen »Schreibrausch« geraten – bestens! Nutzen Sie diesen Strom! Andere Schreibsitzungen fallen Ihnen vielleicht nicht ganz so leicht, unterbrechen Sie sie dann einfach auch einmal. Ihre Entwicklung beim Schreiben, Ihr Kreativitätsprozess darf gehegt und gepflegt – und nicht niedergerannt werden. Wenn Sie bei einer Sitzung nur einen einzigen Satz schreiben, der dafür aber brillant ist: herzlichen Glückwunsch! Ich möchte sogar noch einen Schritt weitergehen: Sollten Sie einmal gar nichts zu Papier bringen, sondern einfach nur voller Freude in Erinnerungen schwelgen, dann war diese Stunde äußerst wertvoll.

Ein lustvolles Schlusswort am Anfang

Und denken Sie daran: Wenn Sie alle zwei Tage eine (!) Seite schreiben, dann ist in einem Jahr Ihre komplette Biographie fertig.

> *»Begeisterung ist der nie erlahmende Impuls,*
> *der uns beharrlich unser Ziel verfolgen lässt.«*
> (Norman Vincent Peale,
> amerikanischer Geistlicher und Autor)

**Tipp:
Die Schreib-
verabredung**

Betrachten Sie Ihre »Schreibzeit« als Verabredung. Verabreden Sie sich mit sich selbst – so, als ob Sie sich mit einem guten Freund oder einer guten Freundin treffen würden. Nehmen Sie sich dafür genauso frei wie für einen Kinobesuch oder für Ihren Sport. Schreiben Sie in Ihren Kalender: »Dienstagabend, 19 Uhr« – oder wann immer Sie sich mit sich selbst verabreden wollen – »Schreibtreffen.« Legen Sie genau fest, wie lange das Treffen dauern soll. Halten Sie diese Zeit wie eine wichtige Verabredung ein und lassen Sie nichts dazwischen kommen!

**Tipp: Die
»Zeitdiebe«**

Für was nehmen wir uns Zeit? Erstellen Sie eine Liste, schreiben Sie eine Woche lang genau auf, wofür Sie wie viel Zeit aufwenden. Was davon kam wirklich aus Ihnen heraus, was haben Sie gerne und freiwillig getan – und was, nur weil es Pflicht war? Wie oft haben Sie Ihren eigenen Wünsche nicht genug Beachtung geschenkt? Sie werden erstaunt sein, wie viele Sachen es in Ihrem Leben gibt, die bei näherer Betrachtung eher nebensächlich erscheinen – und da wollen Sie behaupten, Sie hätten keine Zeit für das so wichtige Schreiben? Integrieren Sie das Schreiben in ihr Leben, dann wird es nach einer Eingewöhnungsphase genauso selbstverständlich wie Fernsehen oder Brötchen kaufen.

5. KAPITEL

Kleiner Exkurs I: Tunnel und Berg

»Alle Reisen haben eine heimliche Bestimmung,
die der Reisende nicht ahnt.«
(Martin Buber, jüdischer Religionsforscher
und Religionsphilosoph)

Autobiographisches Schreiben und Erinnern ist vergleichbar mit einer Reise, zu der Sie aufbrechen – ohne vorher zu wissen, wo sie Sie entlang führen wird, welche unerwarteten Abzweigungen und Weggabelungen auftauchen und wann und wo Sie schließlich ankommen werden. Manchmal laufen Sie im Eiltempo, manchmal kriechen Sie, und manchmal haben Sie nur einen Wunsch: Möglichst schnell wieder umzudrehen und die Reise gar nicht erst angetreten zu haben.

Das ist alles ganz normal. Schauen Sie auf Ihr alltägliches Leben – und Sie werden keinen Unterschied feststellen können. Ich möchte Ihnen an dieser Stelle, bevor Sie also richtig »losreisen«, noch einmal Mut machen. Mut, diesen äußerst wichtigen und lohnenden Weg zu gehen, ungeachtet der Durchhänger und Selbstzweifel, die auftauchen können oder sogar schon mit kleinen, fiesen Stimmen in Ihnen rumoren:

- »Du willst eine ganze Autobiographie schreiben? Das schaffst du nie! Das dauert doch Jahre!«
- »Weißt du eigentlich, wie gefährlich dieser Weg vielleicht ist? Was da alles am Wegesrand lauern kann ...!«
- »Du übernimmst dich! Lass es lieber ...!«

Vertrauen Sie mir: Solche zweifelnden Stimmen sind ganz normal – aber sie sind auch genauso schnell wieder weg, wenn Sie sich einfach an die Arbeit machen.

Ich möchte Ihnen die Situation, in der Sie jetzt gerade stecken, mit einem Bild verdeutlichen: Stellen Sie sich vor, dass Sie während der Reise plötzlich vor einem Berg stehen, der unüberwindbar erscheint. Es kann sogar sein, dass Sie schon gleich am Anfang davor stehen, noch bevor Sie den ersten Schritt unternommen haben. Welche Möglichkeiten haben Sie nun? Sie könnten umdrehen, klar – aber Sie wollen ja schließlich wirklich weiter. Also weiter, nur wie? Sie entdecken eine Tunnelöffnung, in die Sie hineingehen könnten. Oder Sie schauen nach oben und klettern über den Berg hinüber.

Schauen wir uns die beiden letzten Varianten einmal etwas genauer an, zunächst den Tunnel:

Er markiert einen vorgegebenen Weg, dem Sie folgen müssen. Er führt sie auf einer klar vorgegebenen Route durch den Berg hindurch. Es gibt kein Rechts und kein Links, sondern ein fortwährendes Geradeaus – unter der Erde, im Dunkeln, durch einige grelle Neonröhren erhellt. Sie sind abhängig von der Länge des Tunnels, die andere festgelegt haben. Sie haben diese Variante gewählt, weil es der einfachere Weg ist. Sie haben zwar ein wenig Beklemmungen, fühlen sich eingeengt – aber Sie wollen schließlich schnell hindurch, um Ihr vorher geplantes Ziel zu erreichen. Immer wieder schauen Sie ungeduldig nach vorne und warten auf das Licht, das doch endlich einmal kommen müsste ... Auf einmal wird es tatsächlich wieder heller. Sie entdecken das Tageslicht am Ende des Tunnels, treten heraus und sind am Ziel. Dort überlegen Sie, was Sie in den vergangenen Momenten erlebt und gesehen haben.

Wie sieht nun die zweite Variante aus – der Weg über den Berg hinüber?

Wenn Sie sich entschließen, über den Berg zu klettern, mag Ihnen das im ersten Moment beschwerlicher und riskanter erscheinen. Da sollen Sie hoch? In diese Schwindel erregende Höhe? Werden Sie überhaupt einen Weg finden? Welche Klippen und Felsspalten warten auf Sie? Und wie lange werden Sie brauchen? Sie beschließen, trotz dieser Fragen mutig loszuklettern. Bald schon stoßen Sie auf einen dicken Stein, der im Weg liegt. Zuerst wissen Sie nicht, wie Sie ihn umgehen sollen, doch nach einigem Überlegen und Ausprobieren finden Sie eine Möglichkeit – und Sie stellen erstaunt fest, wie leicht das war! Mit ein bisschen mehr Zuversicht steigen Sie weiter Richtung Gipfel. Weitere Umwege erwarten Sie, Sackgassen, aus denen Sie wieder hinausgehen. Zwischendurch halten Sie immer wieder inne und schauen sich um: Mit jedem gewonnenen Höhenmeter eröffnen sich Ihnen neue, großartige Blicke, wenn Sie zurück in das Tal schauen. Das Ziel ist auf einmal gar nicht mehr so wichtig, Sie vergessen es für eine Weile sogar ganz und geben sich nur noch Ihren Eindrücken hin. Sie erreichen auf diese Weise irgendwann den Gipfel – was Sie sehen, hätten Sie vorher nicht für möglich gehalten. Wie klar auf einmal alles vor Ihnen liegt! Und wie winzig die Dinge aussehen, die Ihnen vor Beginn des Aufstiegs so groß erschienen waren! Sie ruhen aus und machen sich voller Freude an den Abstieg, Ihr Ziel vor den Augen.

Sie haben nun beide Möglichkeiten in Gedanken ausprobiert. Sie wissen es natürlich schon: Ihre (fertige) Autobiographie ist das Ziel, Ihre Erinnerungen der Weg. Und nun spüren Sie auch, dass Sie sich selbst entscheiden können, wie Sie an den Berg herantreten: Wählen sie den vermeintlich einfachen, direkten Weg, so werden Sie zwar voraussichtlich schnell(er) am Ziel ankommen, Sie werden sich später jedoch kaum an Bilder Ihrer Reise erinnern. Wählen sie den scheinbar mühsameren Aufstieg, spüren Sie mit jedem Schritt, wie Sie emporsteigen, freier atmen und die unterschiedlichsten Aussichten genießen können. Und wie Sie gerade durch die Bewältigung der »Klippen« (die nun einmal da sind) immer auch ein Stück wachsen.

Vielleicht werden Sie sogar plötzlich überrascht feststellen: Das Ziel liegt ja in Wirklichkeit auf dem Weg zum Gipfel – oder sogar ganz oben ...

Wählen Sie ab jetzt immer die zweite Variante – erklimmen Sie den Berg und lassen Sie sich vom Weg belohnen!

Übung 6: Phantasiereise

Bevor Sie mit dem Schreiben Ihrer Autobiographie beginnen, begeben Sie sich in Ihrer Phantasie auf diese Reise. Schließen Sie die Augen und stellen Sie sich vor, wie Sie aufbrechen, weitergehen und plötzlich vor dem ersten Berg stehen. Wählen Sie den Tunnelweg. Dann gehen Sie weiter und erreichen den zweiten Berg. Dieses Mal klettern Sie über ihn hinweg. »Sehen« Sie beide Wege so bildlich wie möglich – achten Sie vor allem auch auf Ihre Gefühle dabei.

6. KAPITEL

Hilfsmittel

Einige Erinnerungen sprudeln nur so aus Ihnen heraus – sie liegen klar vor Ihnen, Sie brauchen sie nur noch locker aufzuschreiben. Auf diese Weise kann schon eine beachtliche Anzahl zusammen kommen – Sie merken, dass alles wunderbar läuft. Prima! Genießen Sie diese Momente, sie sind allgemein beim Schreiben sehr wertvoll.

Früher oder später werden Sie im Laufe Ihrer Erinnerungsarbeit aber garantiert an Punkte kommen, wo Ihr Erinnerungsvermögen Sie teilweise oder sogar ganz im Stich lässt: Namen fallen Ihnen nicht mehr ein, Details zu Orten, Abläufe von Ereignissen, die richtige zeitliche Einordnung. Seien Sie beruhigt – auch das ist ganz normal, wir sind keine Maschinen, in denen alles abgespeichert und auf Knopfdruck abrufbar ist.

Wir alle haben allerdings Möglichkeiten, an verschüttete Erinnerungen heranzukommen – das einzige, was Sie dafür tun müssen, ist Material zu sammeln: Dinge, die unser Erinnern und somit unsere Geschichte(n) anregen, umgeben uns in Hülle und Fülle, wir können auf ganz einfache Weise auf sie zugreifen und sie uns nutzbar machen. Einige liegen offen vor uns, andere müssen wir ein bisschen suchen; gemeinsam ist allen, dass sie wertvolle und vor allem höchst effektive Hilfen darstellen, sich vergangene Dinge wieder vor Augen (oder Ohren, Nase) zu führen und so Erinnerungslücken zu schließen.

Schauen Sie sich um

Verschaffen Sie sich zunächst einmal einen Überblick: Welche Dinge, mit denen sich meine Erinnerung verknüpft, stehen mir bereits zur Verfügung? Für jeden ist dabei die Erinnerung verschieden. Wenn zwei Personen das gleiche Bild betrachten, steigen auch zwei verschiedene

Erinnerungen empor. Es gibt immer verschiedene Blickwinkel für ein und dieselbe Sache. (Mehr dazu im Kapitel »Dichtung und Wahrheit – was darf ich schreiben?«)

In diesem Kapitel finden Sie Listen mit Erinnerungshilfen. Halten Sie Augen und Ohren offen, gehen Sie bewusst durchs Leben – und Sie werden überrascht sein, was Sie alles finden werden! Jede Erinnerungshilfe ist dabei individuell einsetzbar – finden Sie heraus, welche für Sie »funktioniert«, also anwendbar, effektiv und erreichbar ist. Ergänzen Sie die folgende Aufstellung, wenn Ihnen selbst noch weitere Dinge einfallen oder über den Weg laufen.

»Jede Kunstform, die wir ausüben, ist unsere Lehrmeisterin. Die wahre Kunst jedoch ist unser Leben.«
(M.C. Richards)

»Dachboden«

In dieser Kategorie habe ich für Sie jene Gegenstände zusammengefasst, die Sie finden könnten, wenn Sie einen Dachboden entrümpeln – dabei kann es sich natürlich auch um einen Keller, ein Zimmer oder einfach nur um einen alten Pappkarton oder eine Kiste handeln. Selbstverständlich können Ihnen viele dieser Dinge auch an anderen Orten begegnen.

Alte Briefe Es gibt wenige Erinnerungshilfen, die Sie so direkt nutzen können wie Briefe – hier stehen Ihnen Worte zur Verfügung, die Sie zum Teil unverändert übernehmen können. Die Informationen werden sozusagen auf einem silbernen Tablett gereicht, Sie müssen nur zugreifen.

Von Briefwechseln ist manchmal nur noch eine »Seite« erhalten, also die Korrespondenz eines der Schreibenden; aus den Fragen und Antworten der erhaltenen Briefe lassen sich die fehlenden Teile aber oft erschließen. Weitere Tipps zum »Einbau« von Briefen in die eigene Biographie finden Sie im Kapitel »Gestaltung«, einen Beispieltext (Nr. 4) im Kapitel »Formen autobiographischen Schreibens«.

Haben Sie noch alte Liebesbriefe von sich selbst oder von den Eltern oder Großeltern? Dann freuen Sie sich auf die Lektüre – es gibt wenige Briefformen, die näher an den Emotionen »dran« sind.

Auch Handschriften verraten uns viel über den Charakter der betreffenden Person – ohne, dass Sie dabei ein psychologisch geschulter Schriftkundler sein müssen: Ist es eine ruhige oder fahrige Schrift? Eckig oder rund? Wie sieht es mit Schreibfehlern aus? Wie wirkt das gesamte Erscheinungsbild der Briefe? Sind sie auf Notizzetteln oder Zeitungspapier oder auf Büttenpapier verfasst? Generell sind natürlich auch (gedruckte, gemalte, künstlerisch gestaltete) Schriften eine hervorragende Quelle für Erinnerungen, zum Beispiel die alte, deutsche Sütterlin-Schrift.

Postkarten und Ansichtskarten

Darunter fallen auch Urlaubsgrüße. Bei dieser Brief-Variante ermöglicht das Bild der Vorderseite oft zusätzliche Erinnerungs-Anregungen. Vielleicht gibt es ja in ihrem Freundes- und Bekanntenkreis Menschen, die Ihre eigenen Grüße aufbewahrt haben und sie Ihnen noch einmal zur Verfügung stellen.

Alte Tagebücher

Lesen Sie noch einmal Ihre alten Tagebücher durch! Wenn Sie über einen bestimmten Zeitpunkt etwas erfahren wollen, schlagen Sie dort direkt nach. Auch, wenn uns manches heute albern, sentimental oder gar »falsch« vorkommen sollte, was wir geschrieben haben – alte Gefühle, Momente, Freundschaften und Beziehungsgeflechte werden unabhängig davon wieder unmittelbar erlebbar.

Es kann natürlich auch sein, dass Sie die Aufzeichnungen anderer Personen in die Hände bekommen. Gehen Sie in diesem Fall sehr behutsam vor und lesen Sie sie nur, wenn Sie die Einwilligung des betreffenden Menschen haben, entweder direkt oder über ein Vermächtnis, Testament, letzten Willen. Bei verstorbenen Personen, die Sie nicht mehr um Erlaubnis fragen können und wo auch kein testamentarischer Wille vorhanden ist, entscheiden Sie nach Gefühl: Wie würde dieser Mensch reagieren, wenn ich ihn noch fragen könnte? Ist es in Ordnung, wenn ich in diesen intimen Bereich eindringe? Spüre ich selbst innere Barrieren? Dann lassen Sie es lieber, legen das Tagebuch ungeöffnet zur Seite und wenden sich anderen Hilfsmitteln zu.

Poesiealben

Besitzen Sie noch alte Poesiealben aus der Kindheit oder Schulzeit? Dann schauen Sie unbedingt hinein – der ganze Charme der Kindheit steckt darin!

»Jugendwerke«

Haben Sie früher (fiktionale) Geschichten und Gedichte geschrieben? Holen Sie diese Werke wieder hervor! Sie sagen oft viel über unsere inneren Befindlichkeiten aus. Gab es eine romantische Liebe, die Sie zu heißen, leidenschaftlichen Gedichten inspiriert hat? Oder haben Sie um eine verlorene Beziehung getrauert und diese literarisch festgehalten? Schauen Sie nach – vielleicht entdecken Sie ja noch ganz andere Dinge. Diese Fragen gelten natürlich auch für die Werke anderer, die Sie finden. Besonders Gedichte sprechen durch ihre intensive Konzentration stark die emotionale (Erinnerungs-)Ebene an.

Fotos

Im Bildbereich gehören Fotos oder ganze Fotoalben natürlich zu den besten Erinnerungshilfen: Sie geben den Personen über das geschriebene Wort hinaus ein zusätzliches Gesicht, im wahrsten Sinne des Wortes. Bei einigen Menschen müssen wir nachdenken, wer das war – und regen somit unseren gesamten Erinnerungsapparat an. (Den Beispieltext Nr. 2 zum Thema »Geschichtsrekonstruktion anhand von Familienfotos« finden Sie im Kapitel »Formen autobiographischen Schreibens«.)

Beschreiben Sie in möglichst präzisen Worten und genauen Erinnerungen die auf einem Foto entdeckte Situation, zum Beispiel auf einem Bild Ihrer Einschulung, Kommunion oder Konfirmation oder Hochzeit. Selbst alltäglichere Anlässe wie Urlaubsbilder oder Fotos von Familienfeiern eignen sich hervorragend. Vielleicht haben Sie ja sogar Reisetickets, Eintrittskarten, Parkbillets oder ähnliches eingeklebt!

**Übung 7:
Fotobeschreibung**

Dokumente aller Art verdeutlichen neben persönlichen Schicksalen auch immer ein Stück Zeitgeschichte, machen es anschaulich und (be)greifbar. Dazu gehören auch folgende Dinge:

Dokumente

Zeugnisse

Die Schule stellt für alle Menschen eine prägende Zeit dar und ist daher stark emotional besetzt (hierzu finden Sie die Schreibübung Nummer 26). Uns fallen sofort Geschichten ein, wenn wir an diese Zeit zurückdenken: Lehrer, Mitschüler, Ereignisse. Die Schulzeugnisse lösen diese Bilder aus. Neben den Zensuren sind auch die jeweiligen Anmerkungen interessant, die oft dabei stehen. Übrigens stellen Zeugnisse eine wunderbare Gelegenheit dar, um festzustellen, dass sich Dinge im Laufe der Zeit glücklicherweise relativieren: Eine fünf in Mathe in der sechsten Klasse kann zu jener Zeit dramatisch gewesen sein, hat aber in der Regel keinerlei Auswirkungen auf spätere berufliche Erfolge oder gar auf die allgemeine Lebenszufriedenheit. Auch Arbeitszeugnisse markieren oft wichtige Punkte im Leben – zumal sie zeitlich noch näher am gegenwärtigen Leben »dran sind«.

Urkunden

Das können Geburts-, Heirats- oder auch Sterbeurkunden sein (selbst Todesanzeigen stellen eine Art Urkunde dar); genauso gibt es sie aber natürlich im Bereich des Sports und anderer Freizeitbeschäftigungen.

Ausweise

Reisepässe, Einwanderungs- bzw. Einbürgerungsformulare, auch Fahrkarten.

Ehrungen und Auszeichnungen

Auszeichnungen stehen oft in Verbindung mit Abzeichen, Orden, Anstecknadeln.

Vorkriegs- und Kriegsdokumente

Rabattmarken, Lebensmittelkarten, Rohstoffbezugsscheine, Platzkarten für den Luftschutzbunker, Merkblätter für Schutzraumgepäck, Abzeichen und Plaketten des Winterhilfswerkes, Kennkarten. In der Nachkriegszeit gab es dann die so genannten »Entlastungsscheine«.

Geld

Scheine und Münzen (auch Urlaubsmünzen!), zum Beispiel Goldmark, Rentenmark und Reichsmark, nach dem Krieg zunächst die »Bank Deutscher Länder«. In diese Kategorie gehören auch Sparbücher.

Bücher Wie hießen Ihre Lieblingsbücher aus der Kindheit und Jugend? Versuchen Sie, an alte Bilderbücher heranzukommen. Märchen erinnern oft an die Kindheit – darüber hinaus sind in ihnen symbolisch aber auch immer eigene Lebensfragen und Antworten darauf enthalten. Versuchen Sie herauszufinden, ob Sie Ideen, Anregungen oder Parallelen in den verschlüsselten und »sprechenden« Texten finden. Besonders in den bekannten Märchen der Gebrüder Grimm finden sich fast ausschließlich Lebensbeschreibungen (oder Ausschnitte daraus) der handelnden Figuren.

Stöbern Sie in Antiquariaten und Trödelläden oder suchen Sie gezielt unter dem Namen der jeweiligen Verfasser oder Titel. Fragen Sie in »Ihrer« Buchhandlung – dort haben die Mitarbeiter Einblick in umfangreiche Datenbanken, in der alle lieferbaren Titel und Autoren aufgelistet sind. Auch im Internet können Sie Antiquariate finden.

Ein weiterer, nicht zu unterschätzender Aspekt von Büchern ist der physische: Das Titelbild des alten Lieblingsbuches weckt Erinnerungen (visuell), es hat einen ganz bestimmten Geruch, das Umblättern von Seiten in einem richtig alten Buch erzeugt auch ein ganz eigenes Geräusch – und es fühlt sich einfach »wie früher« an, anders als zum Beispiel eine moderne Taschenbuchausgabe. Ausführlicheres hierzu finden Sie später in diesem Kapitel bei »Sinne«.

Weitere wichtige Typen von Büchern: Chroniken *(Chronik des Jahrhunderts, Chronik der Deutschen,* Chroniken einer bestimmten Region) und Jahrbücher. Sie stellen quasi das »Lokalzeitungsarchiv für die Weltgeschichte« dar: Was ist am Tag meiner Geburt passiert? Wo war ich und was habe ich gemacht, als John F. Kennedy ermordet wurde oder der erste Mensch den Mond betrat? (Schauen Sie sich hierzu auch die Schreibübung 2 im Kapitel »Grundsätze autobiographischen Schreibens« an!)

Chroniken

Haben Sie Ihren alten Plattenspieler noch aufbewahrt? Dann legen Sie die gute, alte 45-er Single auf und hören Sie sich das wunderbare Kratzen und Knistern an, das den Schlager von Roy Black oder Gitte Henning übertönt! Ein echtes Erinnerungsstück zum Anfassen ist auch die gute alte Jukebox, in manchen Nostalgie-Kneipen finden Sie sie noch. Und wer war da alles drin – eine ganze Erinnerungsmannschaft für sich: Rudi Schuricke, Conny Froeboes, Catherina Valente, Freddy Quinn, Peter Kraus, Louis Armstrong, Bill Haley, Chuck Berry und natürlich Elvis und die Beatles ...

Schallplatten und

(Hörspiel-)Kasetten

Auch gegen Ende des 20. Jahrhunderts sind noch weitere Beispiele entstanden: Wer etwas später geboren wurde (oder Kinder und Enkel hat, mit denen er sie stundenlang hören »durfte«), wird sich sicher noch lebhaft an die Abenteuer der »Fünf Freunde« oder der »Drei Fragezeichen« erinnern. Oder waren es bei Ihnen Biene Maja, Benjamin Blümchen und Winnetou?

Kalender

Jahreskalender, Geburtstagskalender; manchmal auch in Verbindung mit anderen Hilfsmitteln, zum Beispiel auch Küchenkalender mit Rezepten.

Landkarten und Stadtpläne

Karten und Pläne sind nicht nur als Erinnerungshilfen wertvoll, sondern auch als praktische Unterstützung bei einem Besuch am Ort der Kindheit.

Weitere Gegenstände

In diese Kategorie fällt alles, was ganz »handgreiflich« Geschichte(n) erzählt. Und davon gibt es eine ganze Menge:

Möbel

Opas alter Ohrensessel, Kleidertruhen, Stühle, Spiegel, Schränke – schauen Sie sich einfach in Ihrer eigenen Wohnung um, und Sie werden wissen, wonach Sie Ausschau halten können ...

Haushalt

Geschirr und Besteck, Milchkarren (die »Schott'sche Karre«), Arbeitsutensilien wie Bürsten, Weckgläser, Milchflaschen, Gummiringe, Dosenöffner, Reiben, Werkzeuge, ein alter Besen. Kennen Sie noch eine »Kochhexe«, die mit Torf, Holz oder Briketts befeuert werden musste?

Kochbücher und Rezeptsammlungen erinnern uns nicht nur an die Mutter oder die Oma, sie bauen uns auch eine Brücke zu Zeitumständen und Lebenskultur, dazu können sie an Zeiten des Mangels und des Überflusses erinnern. Sie zeigen oft »gelebtes« Leben in unmittelbarer Form: Spritzer und Flecken oder ein abgestoßener Einband wecken Bilder jener Momente, in denen sie entstanden.

Spielzeug

Murmeln, Brummkreisel, Brettspiele, Karten, ein Schaukelpferd, die Zwille für Kinderstreiche, Puppengeschirr, ein Spielzeugkrämerladen samt Einrichtung und Waren, Zinnfiguren, Kartenspiele wie »Schwarzer Peter«, Autos, Lokomotiven und Pferdewagen der berühmten Reihe »Köster-Modelle«, das erste Sparschwein. Und vieles andere mehr ...

Schmuck und Körperpflege

Broschen, Ketten, (Ehe-)Ringe, ein Brillenetui der Großmutter, ein Kosmetikkasten mit Zeppelin-Motiv, Ondulierzangen, die ersten elektrischen Rasierapparate ...

Schule

Der alte Schulranzen – und alles, was darin Platz fand, vielleicht eine Schiefertafel, der erste Füller.

Büro und Arbeit

Ein Metall-Locher von 1957, Rechen- und Addiermaschinen, Telexgeräte, alte Telefone.

Fundsachen und Souvenirs

Überlegen Sie einmal: Was haben Sie persönlich alles aus dem Urlaub mitgebracht? Von welchen eigenen Erinnerungsstücken können Sie sich einfach nicht trennen, weil ein bestimmter Moment damit verbunden ist?

Hobby
Eine alte Kamera, Tabakschneidemaschinen und Zigarrenpressen, das Fahrrad vom Vater, ein Motorrad-Halbschalenhelm und die dazugehörige Motorradbrille ...

Gegenstände aus der Kriegszeit
Volksempfänger, Verdunkelungsscheinwerfer für LKW oder Fahrrad, Uniformen, ein Dienstdolch, Gasjäckchen für Kinder, Schutzmasken, Luftschutzkoffer. In dieser Zeit, aber auch in der Nachkriegszeit, bastelten viele Menschen aus dem, was da war, ihre Alltagsgegenstände: Ein Sieb aus einem Stahlhelm, Feuerzeuge aus Patronenhülsen, Eierbecher aus Handgranatenumhüllungen, eine Häkelnadel aus einer Fahrradspeiche, selbstgebasteltes und -bemaltes Spielzeug für die Kinder.

Alltagsgegenstände aus der Zeit des »Wirtschaftswunders«
Der elektrisch beheizbare Lockenwickler »Carmen«, Blechdosen mit Nivea-Creme, der erste Fön oder Toaster, Schwarz-Weiß-Fernseher, ein Petticoat, Aufklärungsbücher von Oswald Kolle, der erste Bosch-Kühlschrank.

Sammlungen aller Art Briefmarken, Steine – oder Sammlungen aus der Kindheit, die Sie vielleicht aufbewahrt haben: Flaschendeckel, Puppenstubeninventar, Autos, Zigarettenbildchen, Streichholzschachteln, Abziehbilder ...

Gemälde und Wandbehänge Wie bei den Büchern ist nicht nur das Sichtbare (also das Motiv oder die Farbe) wichtig, sondern auch der Geruch, die stoffliche Beschaffenheit – für die Geschichten, die sich mit dem Bild verbinden.

Die findet man natürlich höchstens in ausgestopfter Form auf dem Dachboden – aber auch das kann eine wirksame Erinnerungshilfe an den Großvater sein, der Jäger war! Wenn Sie früher Haustiere hatten, dann wecken Tiere (von Freunden, Bekannten oder einfach nur im Stadtpark) wieder diese Erinnerung, zum Beispiel an den geliebten Hund als besten und treuesten Freund der Kindheit.

Tiere

Auch die stehen eher selten auf dem Dachboden, sind aber natürlich ein wichtiges Erinnerungsmittel. Wie sah der VW-Käfer damals aus? Oder das erste eigene Auto: Welche Marke war das, welche Farbe hatte es? Wenn Sie Autofan sind, werden auf Oldtimer-Shows die Erinnerungen nur so fließen!

Autos und Transportmittel

Institutionen

Wo finden Sie (alte) Erinnerungsgegenstände, die außerhalb des eigenen Familienkreises liegen? Welche öffentlichen Hilfen können Sie in Anspruch nehmen? Auch hier gilt: Schauen Sie sich in Ihrer Stadt um (natürlich auch in anderen Städten), nutzen Sie eventuell auch das Internet.

Im Anhang finden Sie Namen und Adressen von Einrichtungen, Institutionen und Museen, die Ihnen auf Ihrem Schreib- und Erinnerungsweg behilflich sein können, dazu eine umfangreiche Liste mit Internetadressen.

In vielen Gemeinden gibt es Einrichtungen für Heimatkunde oder Regionalgeschichte. Einige Museen bieten darüber hinaus Kurse an, die Ihre Erinnerungen für das autobiographische Schreiben fördern (zum Beispiel regionale Themen, Handwerk oder Alltagsleben in früheren Zeiten).

Museen

Gedenkstätten Hierzu zählen in erster Linie Mahnmale der Weltkriege oder ehemalige Konzentrationslager. Auch hier werden oft Vorträge, Führungen, Rundgänge und Ausstellungen angeboten.

Stadtrundgänge Erkundigen Sie sich nach so genannten »alternativen Rundgängen«, die einen Einblick in verborgene, abseits gelegene Winkel der Stadt- oder Regionalgeschichte ermöglichen.

Alte Berufe und Handwerke Vielleicht gibt es noch einen Betrieb in Ihrer Region, in dem ein Handwerk oder ein Beruf aus der Zeit Ihrer Eltern oder Großeltern ausgeübt wird. Auch für allgemein an der Vergangenheit interessierte Laien kann das sehr spannend sein: Wissen Sie, wie der Arbeitsalltag von Korbmachern, Stellmachern, Lederpunzern oder Büchsenbauern aussah oder immer noch aussieht?

Archive Fragen Sie bei Stadt- und Kreisarchiven, Landes- und Staatsarchiven nach, ob Ihnen die Mitarbeiter bei Ihrer Suche nach der eigenen Vergangenheit weiterhelfen können. Dazu gehören auch Taufregister von Kirchengemeinden, sowie Standesämter. Familienarchive stellen ebenfalls eine Alternative dar. Walter Kempowski, der Autor von drei berühmt gewordenen autobiographischen Romanen (*Tadellöser & Wolff, Uns geht's ja noch gold* und *Ein Kapitel für sich)* hat ein riesengroßes privates Archiv angelegt mit biographischen Exponaten zahlloser Menschen. Viele der auf diese Weise zusammen gekommenen Briefe und Berichte flossen in sein Buch *Echolot* ein, das die privaten Schicksale des Kriegswinters 1942/1943 dokumentiert.

Vereine Familienverbände, Heimat- und Geschichtsvereine führen in der Regel ausführliche Vereins-Chroniken und andere schriftlich festgehaltene Darstellungen der betreffenden Themen.

Der große Vorteil solcher Einrichtungen: Sie treffen auf Menschen, die ähnliche Interessen und Ziele im Auge haben wie Sie – nämlich die Spuren der eigenen Vergangenheit oder jene der Heimatregion. Durch Gespräche, Lesungen oder andere Veranstaltungen erhalten Sie lebendige und immer neue Anregungen für Ihre Arbeit.

Erzählcafés und Geschichtswerkstätten

Stöbern Sie neugierig und ohne Scheu in diesen Schlaraffenländern für alte Erinnerungen!

Trödelläden, Flohmärkte und Antiquariate

Medien

Mit Hilfe der verschiedenen Medien (Hörfunk, Fernsehen, Zeitungen und Zeitschriften, Internet) können Sie auf ganz unterschiedliche Weise an Erinnerungen herankommen. Vielleicht hören Sie zufällig ein altes Lied, sehen einen alten Film oder finden irgendwo eine alte Ausgabe eines Magazins. Genauso gut können Sie diese Medien aber auch gezielt einsetzen: Wenn Sie wissen, dass Sie 1960 bei Ihrem ersten Rendezvous einen bestimmten Schlager gehört haben, dann versuchen Sie, ihn sich wieder zu beschaffen!

Auch eine wahre Fundgrube: Enthalten ist alles Gedruckte, auch Comics, Karikaturen oder Modezeitschriften. Neben den aktuellen Ausgaben mit allen nur erdenklichen Informationen sind für Ihre Spurensuche vor allem die Archive interessant. Machen Sie sich doch einmal den Spaß und versuchen Sie, eine *Brigitte*-Ausgabe aus dem Jahr 1973 zu ergattern und durchzublättern! Fragen Sie bei Verlagen nach, ob sie alte »Reprints« der Originalausgaben haben oder ob diese als CD-Roms vorliegen.

Zeitungen, Zeitschriften

Auch Archive von Lokalzeitungen können sehr hilfreich sein: Was geschah am Tag Ihrer Geburt in Ihrem Heimatort – und später? Wie sah er aus? An welche Ereignisse, die Sie in den Archiven finden, können Sie sich wieder erinnern?

Wenn Sie schon einmal umgezogen sind und die Räume renoviert haben, dann mussten Sie vielleicht die Entdeckung machen, dass doch mehr als eine Lage Tapeten von der Wand abzukratzen war – mit etwas Glück finden Sie ganz unten drunter sogar noch alte Zeitungen als Tapeten-Ersatz und werden so für Ihre Strapazen mit einer einmaligen, fast unersetzlichen Lektüre belohnt ...

Fernsehen und Kino

Fallen Ihnen nicht auch sofort die Heimatfilme ein? Nie wieder küssten sich Menschen vor so schöner Kulisse wie Rudolf Prack und Sonja Ziemann ... aber auch alte Werbespots faszinieren immer wieder, weil Sie längst vergangene Zeiten und Bilder heraufbeschwören. Genauso gut können das alte Kindersendungen wie Sesamstraße, Biene Maja oder Heidi.

Video

Zum einen »funktioniert« dieses Medium natürlich wie Fernsehen und Kino – zum anderen haben Sie aber auch mit Glück private Aufzeichnungen zur Hand (wenn nicht von Ihnen als Kind selbst, dann vielleicht aber von Ihren Kindern oder Enkeln, auf denen nicht nur Ihre Familie, sondern auch Sie selbst durchs Bild laufen ...)

Radio

Zum einen stellt der Rundfunk natürlich ein Musik-Medium dar (s.o.), zum anderen eine hervorragende Quelle für Informationssendungen aller Art. Besonders die öffentlich-rechtlichen Sender haben in der Regel eigene Kanäle für Kultur, Hörspiel und Informationen aller Art eingerichtet.

Es gibt alte Plakate, Anzeigen, Werbefilmsammlungen, *Werbung*
Bücher zum Thema, manchmal auch ganze Ausstellungen. Schauen Sie sich um! Werbung bietet eine schier
unermessliche Fülle an Erinnerungs-Material, da sie uns
auf Schritt und Tritt im Leben begleitet. Namen, Aussehen und Slogans von Produkten bleiben uns noch lange
im Gedächtnis haften. Teile der in Mode gekommenen
Nostalgie-Shows im Fernsehen beschäftigen sich mit diesem Thema.

Sie erinnern sich an bestimmte Lieblingslieder, die Sie zu *Musik*
unterschiedlichen Zeiten Ihres Lebens begleitet haben?
Erinnern Sie sich an alte Volks- oder Kindheitslieder, an
bestimmte Schlager? Schauen Sie einfach mal in einem
größeren Kaufhaus, ob es dort in der Oldie-Abteilung
Nostalgie-CDs mit Liedern aus fast allen Jahrzehnten des
vergangenen Jahrhunderts gibt. Mit Musik eng verbunden
sind natürlich auch Tänze.

Haben Sie 1963 *Emilia Galotti* oder den *Lohengrin* gesehen? *Theater, Oper,*
Vielleicht werden diese Stücke ja wieder einmal in einem *Operette*
Theater in Ihrer Nähe aufgeführt ... In Verbindung mit
modernen Medien wie Video oder DVD haben Sie zudem
die Möglichkeit, alte Inszenierungen noch einmal anzuschauen, zum Beispiel die berühmte *Faust*-Aufführung
mit Gustav Gründgens und Will Quadflieg. Welche
Gefühle und Erinnerungen rufen diese Stücke und Aufnahmen in Ihnen hervor?

Die moderne Technik macht's möglich: Sie können seit *Moderne Medien*
einigen Jahren Erinnerungen auf eine ganz neue Art kon-
servieren – zum Beispiel mittels alter Anrufbeantworter-
bänder, die Sie aufbewahrt haben. Es gibt tatsächlich Menschen, die die Anrufe der vergangenen Jahre gespeichert
haben. Oder haben Sie noch selbst besprochene Kassetten
aus der Kindheit?

Internet Wenn Sie einen Zugang haben (vielleicht lässt Sie ja auch mal Ihr Enkel ins Netz ...), dann nutzen Sie diese unerschöpfliche Informations-Quelle. Sie können sich auf Spurensuche begeben, Datenbanken abrufen, Recherchen durchführen – den Möglichkeiten und Ihrer kreativen Such-Phantasie sind keine Grenzen gesetzt. Im Anhang finden Sie einige wichtige Adressen im World Wide Web für Ihre Spurensuche.

Personen und Orte

Die Begegnungen mit Menschen, die wir schon in unserer Kindheit kannten und die wir unter Umständen seitdem nicht mehr gesehen haben, können in uns Erinnerungen auslösen, die oft mit einer besonders hohen (emotionalen) Qualität verbunden sind. Das gleiche gilt für Orte – manchmal verbindet sich ja auch beides. Bei Reisen zu Menschen und an Orte der Erinnerung treffen alle Sinne zugleich aufeinander: Das Sichtbare (Häuser, Straßen Gärten), das Hörbare (Sprache, Geräusche der Stadt oder auf dem Land), Gerüche, manchmal auch Geschmack, der Tastsinn (legen Sie einmal die Hand an die Klinke Ihres Elternhauses, das Sie 50 Jahre nicht gesehen haben ...!) – Nehmen Sie alle Eindrücke wach in sich auf und speichern Sie sie bis zum Niederschreiben. Das übrigens möglichst zeitnah, mit frischen Eindrücken, erfolgen sollte ...

Personen Überlegen Sie sich: Wen gibt es, der für Sie bei Ihrer Erinnerungsarbeit hilfreich sein könnte? Wer weiß Dinge, die Sie vielleicht schon vergessen haben? Wer war damals dabei? Eine wunderbare Möglichkeit, um solchen Fragen nachzugehen, sind zum Beispiel Ehemaligen- und Klassentreffen nach einigen Jahren. Sie wissen nicht mehr genau, welche Kekse Ihre Mutter immer in der Vorweihnachtszeit gebacken hat? Dann fragen Sie sie! Gehen Sie offen auf diese Menschen zu und bitten Sie sie um Hilfe. Sind die betreffenden Personen bereits verstorben, dann gibt es vielleicht Geschwister, Freunde oder Nachbarn, die Auskunft geben.

Zwischenmenschliches

Seien Sie sich bewusst, dass es im Kontakt mit anderen Menschen immer zu Brüchen kommen kann – das kennen wir alle. Die wenigsten Beziehungen halten ein Leben lang, oft sind Menschen für uns in einem ganz bestimmten Zeit- oder Lebensabschnitt aus bestimmten Gründen wichtig. Sie begleiten uns – und wir sie -, und dann gehen wir getrennte Wege. Bei uns allen gibt oder gab es im Leben auch Beziehungen, die im Streit auseinander gingen. Manchmal, oft erst sehr viel später, möchten wir genau dort an abgebrochene Gesprächsfäden wieder anknüpfen: Um Dinge zu klären, um Ungesagtes auszusprechen, um uns zu entschuldigen, um unseren Standpunkt (mit klärendem Abstand) zu verdeutlichen oder zu modifizieren. Oft sind diese wichtigen Gespräche nicht mehr möglich, da die betreffende Person bereits verstorben oder der Kontakt aus unterschiedlichen Gründen unwiederbringlich verloren ist. Das autobiographische Schreiben setzt hier zweifach an. Zum einen kann es für Sie selbst klärend sein und ein besseres Verständnis für die Motive und Beweggründe der anderen Person bewirken. Auch wenn nicht mehr im direkten Kontakt darüber gesprochen werden kann: Das erNEUte Betrachten erleichtert, Sie kommen mit sich selbst unter Umständen ins Reine. Zum anderen kann es den notwendigen Mut hervorrufen, eine bis dahin unüberwindbare Schwelle zu überschreiten: Die des Zugehens auf den anderen Menschen.

Man schreibt einen Versöhnungsbrief an die Tochter, man ruft noch einmal bei einem Menschen an, mit dem man etwas klären möchte. Beides soll zu einem gesunden Abschluss führen: Wichtig ist es daher, auch abschließen zu können und nicht in alle Zeiten an dieser Thematik fest zu hängen.

Übung 8: Imaginäres Gruppengespräch

Gestalten Sie ein kleines »Gruppengespräch«: Versammeln Sie auf dem Papier alle Menschen um sich herum, mit denen Sie noch etwas besprechen wollen, denen Sie etwas mitteilen möchten – und tun Sie es dann! Schreiben Sie offen über alles, was Ihnen auf dem Herzen liegt. Horchen Sie in der Zeit danach in sich hinein, wie Sie sich fühlen und ob bzw. was in Ihnen in Bewegung gekommen ist.

Dialekte Wenn Sie mit Menschen einer bestimmten Region sprechen, dann achten Sie auf die Klangfarbe, die Sprachmelodie und auf spezifische Begriffe – die vielleicht in Ihnen aus frühesten Zeiten Erinnerungen emporsteigen lassen und Bilder kreieren. Dialekte bewirken eine emotionale Bindung an den Herkunftsort, eine Identifikation mit den eigenen Wurzeln – auch (oder gerade!), wenn die Sprache in der neuen Umgebung eine ganz andere ist.

Körpersprache Beobachten Sie die Haltung und die Gesten Ihrer Gegenüber, die Mimik, auffällige Angewohnheiten und Besonderheiten. Registrieren Sie aber auch die körperlichen Alterszeichen: Falten, graue Haare, Narben. Das sind Lebensspuren im wahrsten Sinne des Wortes – und die führen Sie oft zu Ihren eigenen. Es kann natürlich auch vorkommen, dass sie zufällig einem Menschen ins Gesicht schauen, der Sie stark an eine Person aus Ihrer eigenen Vergangenheit erinnert.

Fragen Sie nach Menschen, die Sie kennen (oder kannten). *Namen*
Sprechen Sie Ihre Gesprächspartner direkt auf bestimmte Personen an – versuchen Sie, sich möglichst alle wichtigen Namen wieder ins Gedächtnis zu rufen. Wie hieß
Ihr Bäcker an der Ecke? Sein Name weckt in Ihnen garantiert alte Geschichten. Außerdem ist es viel bildhafter, von
»Bäcker Neumann« zu sprechen als vom »Bäcker«. Auch
wenn wir, die zuhören oder Ihre Autobiographie lesen,
Bäcker Neumann nicht kennen, erhalten wir dadurch ein
viel genaueres, vorstellbares, lebendiges Bild: ein Gesicht.
(Der gleiche Effekt entsteht beim Schreiben – schauen Sie
hierzu ins Kapitel »Handwerkliches«.)

Reisen Sie an Ihren Geburtsort oder besuchen Sie die *Orte*
Straße, in der Sie lange gewohnt haben: Was hat sich verändert, was ist gleich geblieben? Besonders durch die Öff-
nung der Länder des ehemaligen Ostblocks haben sich
seit Anfang der 90er-Jahre ganz neue Möglichkeiten für
die Menschen ergeben, die während des Dritten Reiches
in den ehemals deutschen Gebieten geboren und aufgewachsen sind. Das betrifft auch das Gebiet der ehemaligen DDR (oder andersherum: Eine nun mögliche Reise in
die »alten Bundesländer«). Zu diesem Thema finden Sie
ein Textbeispiel auf Seite ...

Hier finden Sie Grabsteine, Kapellen, Denkmäler, Mahn- *Friedhöfe*
tafeln – diese Zeugnisse vergangenen Lebens bauen uns
oft Brücken in die eigene Vergangenheit. Suchen Sie die
Orte auf und fühlen Sie, was dort mit Ihnen geschieht.

Begeben Sie sich in den Wald, an einen Bach Ihrer Kind- *Natur*
heit, betrachten Sie einen Sonnenuntergang und denken
Sie dabei an frühere Sonnenuntergänge, genießen Sie bei
einem Regenschauer, wie Sie die Tropfen auf Ihrer Haut
spüren, laufen Sie barfuß über Gras, baden Sie in einem
Ihnen bekannten See, lassen Sie sich ins Heu fallen ...
mehr zu »sinnlichen« Wahrnehmungen finden Sie ebenfalls im Kapitel »Handwerkliches«.

Moderne Zeiten Es gibt natürlich auch moderne alltägliche Orte und Zeichen, die Sie überall finden können – und die manchmal ganz unerwartete Erinnerungen auslösen: Litfaßsäulen, Graffitis, Straßenschilder, Warnhinweise, Bahnstationen, Reklameschilder.

Sinne

Ihre eigenen Sinne sind eine wahre Fundgrube für Erinnerungen. Gehen Sie ganz bewusst und mit offenen Sinnen durchs Leben! Nur, wenn Sie auf die Sie umgebenden Geräusche, Gerüche oder den Geschmack auch achten, bekommen sie einen Wert für Ihre Erinnerungsarbeit. Ein gutes Beispiel ist ein Spaziergang durch eine belebte Einkaufsstraße: Schauen Sie die Farben der Schaufenster und Neonleuchten an, lauschen Sie den Stimmen, dem Straßenlärm, dem Drehorgelspieler am Straßenrand, schnuppern Sie, wie die Würstchenbude oder die Lederjacke im Modeladen riechen. Nehmen Sie alles mit voller Aufmerksamkeit in sich auf! Und notieren Sie Ihre Eindrücke gleich, wenn Sie wieder nach Hause kommen. Die »sinn-liche« Beschäftigung setzt oft sogar weitere Erinnerungen auf anderen Ebenen in Gang.

Der Einsatz von Sinnen lohnt sich auch, wenn Sie konkret einzelne, vergangene Situationen und Begebenheiten heraufbeschwören wollen: Sie möchten sich an Ihren letzten Aufenthalt in Frankreich erinnern? Dann veranstalten Sie doch einfach einen französischen Abend mit Baguette, einer guten Flasche Bordeaux und französischen Chansons.

Sehen Lesen Sie sich hierzu einfach aufmerksam dieses ganze Kapitel durch – alle Gegenstände, Personen, Orte sind natürlich mit visuellen Eindrücken verbunden.

Der Schriftsteller Kurt Tucholsky stellte einmal fest: »Das *Gerüche*
beste Gedächtnis hat bekanntlich die Nase.« Und damit
hatte er einfach Recht. Wir alle kennen das: Wenn wir
einen Geruch »in die Nase bekommen«, mit dem wir ein
Ereignis oder eine Situation aus der Vergangenheit verbinden (gut oder schlecht spielt keine Rolle), dann sind wir
sofort wieder mitten drin in dieser Situation – und können
äußerst lebendig, anschaulich und glaubhaft unseren Text
formulieren.

Diese Sinneswahrnehmung taucht natürlich oft in Verbin- *Geschmack*
dung mit Gerüchen auf, beide intensivieren sich gegensei-
tig (wenn wir Schnupfen haben, die Nase also verstopft
ist, schmecken wir kaum Unterschiede). Aber auch Geschmack alleine kann uns zu Höchstleistungen konkreter
Erinnerung und damit zu intensiven, authentischen
Beschreibungen führen. »Riechen« Sie noch einmal Omas
Bratäpfel – wenn Sie noch wissen, wie Ihre Oma sie zube-
reitet hat (und das gleichzeitig eine wichtige Erinnerung
an Ihre Kindheit ist), dann schieben Sie einfach selbst mal
wieder welche in den Ofen!

> Beschreiben Sie Ihr Lieblingsessen und eine **Übung 9:**
> Situation, in der Sie es verspeist haben (zum **Das**
> Beispiel ein bestimmter Restaurantbesuch oder **Lieblingsessen**
> ein Picknick im Grünen). Das ist ein tolles Trai-
> ning für sprachliche Gestaltung – denn zu die-
> sem Thema fallen uns die konkretesten
> Beschreibungen ein.

Nehmen Sie bewusst die Geräusche wahr, die Sie umgeben. *Hören*
Das können Naturgeräusche wie Wasserplätschern oder Wal-
desrauschen sein oder auch Dinge aus Ihrem täglichen Leben:
das Knarren einer Gartenpforte, eine Hupe, Telefonklingeln,
das Aufziehen einer alten Wanduhr. Sie werden noch tausend
andere entdecken, wenn Ihre Ohren dafür offen sind. Sogar
Stille klingt verschieden – achten Sie mal drauf!

Tastsinn   Fühlen Sie, fassen Sie die Dinge Ihrer Umgebung oder alte Gegenstände an und machen Sie sich bewusst, wie es sich genau anfühlt: Der raue Stoff der Schürze, die Ihre Mutter immer trug, wenn Sie bei ihr als Kind in der Küche auf dem Schoß saßen; das kühle Metall des Brummkreisels, mit dem Sie als Vierjährige immer gespielt haben; die kratzigen Borsten von Vaters Rasierpinsel, mit dem Sie sich immer spielerisch »eingeseift« haben.

Übung 10: Kindheitsvergnügen

»Erlauben« Sie sich ein Vergnügen aus der Kindheit, zum Beispiel faul in der Sonne liegen, auf Bäume klettern, Drachenfliegen, Lutscher lecken o.ä. Beschreiben Sie das Erlebnis mit allen Sinnen! Versuchen Sie dabei, möglichst präzise Ihre Körperempfindungen zu schildern. Auch umgekehrt können exzellente Übungsmöglichkeiten entstehen: Wie lassen sich Dinge wie Fieber, Schmerzen, Wut, Unruhe oder Angst »sachlich« beschreiben? Was passiert in und mit Ihrem Körper?

»Innere Werte«

Nicht alles, was unsere Erinnerung anregt, ist greif- und sichtbar. Manchmal handelt es sich auch um Gefühle, Stimmungen oder Träume. Und obwohl die folgenden Dinge nicht messbar sind, haben Sie aus verschiedenen Gründen und mit unterschiedlichen Resultaten Auswirkungen auf unser Leben und auf die Rückschau darauf.

Träume   Schreiben Sie Ihre Träume auf! Und zwar nicht nur die Wünsche, Sehnsüchte und Hoffnungen, die Sie im Wachzustand bewusst formulieren können, sondern auch ganz konkret jene, die Sie nachts erleben: Führen Sie ein Traumtagebuch, in das Sie jeden Morgen unmittelbar nach dem Aufwachen das hineinschreiben, was Ihnen von dem jeweiligen Traum noch in Erinnerung ist. Sie werden merken, dass Sie – eine bestimmte Regelmäßigkeit vorausgesetzt – im Laufe der Zeit immer mehr Details behalten, die wiederum zu Erkenntnissen über Ihr Leben führen können. Schließlich kommen die Träume aus dem Unter- und Unbewussten – also genau daher, wo auch Ihre Erinnerung sitzt bzw. festsitzt.

Formulieren Sie Fragen. Wenn Sie an Punkte in Ihrer Erinnerung stoßen, an denen Sie überhaupt nicht weiter kommen, dann schreiben Sie einfach die dazugehörigen Fragen auf. Oft bilden sich hieraus die Antworten wie von selbst – und das in einer Richtung und Form, die Sie unter Umständen überraschen wird: Durch die Fragen können ganz »neue« Erinnerungen, Bilder oder Gefühle auftauchen. *Fragen*

Für religiöse Menschen eignen sich natürlich auch Gebete. Sie können Kraft, Zuversicht und Hoffnung geben – von ihrem meditativen, zur Ruhe anregenden Charakter ganz zu schweigen. Gebete, die Sie von früher kennen (Tischgebete, Abendgebete), bieten darüber hinaus mit ihren assoziativen Verbindungen zu dem damaligen Umfeld (Menschen, Orte, Stimmungen) eine exzellente Brücke zu Ihrer eigenen Kindheit. *Religion*

Hochzeitstage, Geburtstage, Weihnachten oder Silvester bieten sich an, hier eine besonders intensive Rückschau zu halten, da die Gefühle an diesen bewusst als (mehr oder weniger) »wichtig« empfundenen Tagen von vornherein viel deutlicher und offener zutage treten. Unter diesen Punkt fallen auch bestimmte Tischsitten oder Benimmregeln. Versuchen Sie, sich diese Abläufe, falls sie für Sie von Bedeutung waren, wieder vor Augen zu führen! *Rituale*

Abschließende Bemerkung zur Anwendung der Hilfsmittel

Alle angeführten Hilfsmittel können auf zwei verschiedene Arten in Ihr Leben treten – die »zufällige« und die bewusst herbeigeführte. Nutzen Sie beide Varianten, indem Sie zum einen Augen, Ohren und Nase offen halten – zum anderen, indem Sie sich überlegen, wie Sie an bestimmte Hilfsmittel herankommen, um Sie für Ihre Erinnerungsarbeit zu nutzen. Wenn Sie zum Beispiel wissen, dass die Puppe mit dem roten Kleid, die im Karton hinten auf dem Schrank liegt, Sie an Ihre Kindheit erinnert – dann holen Sie sie doch bitte schnellstens von dort herunter, nehmen sie in den Arm und kuscheln sich mit ihr wie ein kleines Kind ins Bett!

Übung 11: Emotionale Erinnerung

Beschreiben Sie anhand von verschiedenen Gegenständen

o Ihre größte Freude
o Ihre schönsten Spiele
o Ihre liebsten Ereignisse
o Ihre erste Enttäuschung
o Ihre erste Einsamkeit

Zeigen und erzählen Sie, was Sie erlebt und gefühlt haben oder fühlen, wenn Sie daran zurückdenken. Besonders emotionale Dinge lösen oft sehr intensive (und eben auch intensiv beschreibbare) Reaktionen aus. Nutzen Sie diesen Aspekt, um jene Geschichten »dicht und nah dran« zu erzählen, die Ihnen wichtig sind und über die Sie schreiben mögen oder können. (Um jene Geschichten, die emotional schmerzhaft sind und ein Annähern zunächst nicht zulassen, geht es in Kapitel »Der Schmerz der Erinnerungen«.)

Stellen Sie sich vor, dass Sie in Ihrem Wohnzimmer vor einem Regal (oder auch vor einer ganzen Schrankwand) stehen, in dem verschiedene Videokassetten stehen. Diese Kassetten tragen auf ihrem Rücken Aufschriften wie Schule, Freizeit, Ausbildung, Beruf, Freunde, Familie, Urlaub, Feiern – oder ähnliches. Wählen Sie eine Kassette aus, deren Thema Sie besonders anspricht, legen Sie sie in den Videorekorder ein und schauen Sie, was auf dem Bildschirm (also vor Ihrem geistigen Auge) passiert. (Be)schreiben Sie anschließend in einem kleinen Text, was Sie gesehen haben. Sie können dabei entweder gleich die Ich-Form wählen – oder die 3. Person (er/sie). Probieren Sie beides aus und schauen Sie, wie sich die veränderten Geschichten jeweils »anfühlen«.

Übung 12: »Videos schauen«

7. Kapitel

Handwerkliches: Stil und Ausdruck

*»Sprache mit Geschick handhaben heißt,
eine Art Beschwörungszauber treiben.«*
(Charles Baudelaire,
französischer Dichter)

Es ist – gerade zu Beginn des Schreibens – sinnvoll, sich mit ein paar konkreten, handwerklichen Dingen auseinander zu setzen, die Ihren Text in der Tat besser machen. Dies ist einer der wenigen Bereiche, wo sich reinen Gewissens von »gut« und »schlecht« sprechen lässt. Je mehr Sie üben (schreiben), desto schneller und nachhaltiger werden Ihnen diese Hinweise wie selbstverständlich im Gebrauch erscheinen.

Grundregeln Mit der folgenden Aufstellung berücksichtige ich Grundregeln, die sich in jahrelanger Textarbeit mit Gruppen als sehr wichtig herausgestellt haben. Das gilt natürlich für alle Formen der Textproduktion – ich habe die Beispiele allerdings speziell auf autobiographisches Schreiben ausgerichtet. Das lachende Zeichen ☺ zeigt bei den angeführten Beispielen die jeweils »richtige« Form an, das etwas skeptisch dreinschauende ☹ die »falsche«.

Rechtschreibung Ein Wort zur Rechtschreibung: Unabhängig davon, ob sich die neue oder die alte (oder sogar eine neue alte oder neue neue) Variante durchsetzen wird – es ist nicht wichtig, ob Sie Ihre Texte nach den alten oder den neuen Rechtschreibregeln verfassen, entscheidend ist, dass Sie sich für eine Variante entscheiden, diese dann aber durchgehend einhalten. Und noch ein persönlicher Tipp von mir: Machen Sie es so, wie es für Sie am richtigsten aussieht und womit Sie letztendlich zufrieden sind. Oder lassen Sie, wenn Ihre Texte fertig sind, jemanden draufschauen, der sich damit auskennt (mehr dazu im Kapitel »Überarbeiten«). IHRE wichtige Aufgabe ist alleine das Schreiben Ihrer Geschichte.

Ziel Ihres Schreibens ist es, bei den Menschen, die Ihre Biographie lesen oder hören, Bilder zu schaffen – es soll »Kino im Kopf« entstehen. Stellen Sie es sich genau so vor: Sie oder Ihre Leser sitzen in einem dunklen Kinosaal. Plötzlich läuft vor Ihnen auf der Leinwand eine Szene ab – in diesem Fall eine aus Ihrem Leben. Schreiben Sie Ihren Text nun so, als würden Sie diese Episode anschauen.

Schaffen Sie »Kino im Kopf«!

Bildhafte Beschreibungen lassen einen Text lebendig werden. Das heißt nicht, dass Sie blumig oder verklärend schreiben sollen, sondern ganz im Gegenteil: Präzise und genau. Schenken Sie uns Details! Drei Seiten in einer bilderreichen, anschaulichen Sprache sind weitaus interessanter als eine halbe langweilige Seite.

Es gibt im Englischen eine treffende Grundregel: »Show, don't tell«. Zeigen Sie das, was Sie beschreiben, und erklären Sie es uns nicht. Wir wollen durch Ihre Augen sehen, was Sie erlebt haben!

Vermeiden Sie gängige, einfache Formulierungen wie »es ist schön«, »es war gut« oder »wir hatten viel Spaß«. Was genau hat denn das »Schöne« ausgemacht? Sie wissen es, schließlich waren Sie dabei. Warum war es »gut"? Wie sah der Spaß aus? Erschaffen Sie sprachlich konkrete Bilder! Vermeiden Sie auch die Wörter »haben«, »sein« und »machen«, wenn Sie sie nicht als Zeitverben verwenden (»Ich habe gesehen ...«).

Starke Worte und SINNliche Beschreibungen

☹
Der Tag war schön.
☺
Wir haben den ganzen Tag gelacht und im See gebadet, während uns die heiße Sonne auf die Nase brannte.

(Erst im zweiten Satz sehen wir Bilder!)

☹

Abends machten wir immer Essen.

☺

Abends kochten wir uns immer eine leckere Hühnersuppe.

(Das sind gleich zwei Bilder mehr als im ersten Satz: Das Kochen, also die Tätigkeit, und die Hühnersuppe!)

Wählen Sie auch Vergleiche. (Be)schreiben Sie dabei so genau wie möglich – und so treffend wie möglich. Fragen Sie sich immer: Trifft das von mir gewählte Wort (oder der Ausdruck) genau das, was ich vermitteln möchte? Oder gibt es nicht noch ein besseres Wort?

Lassen Sie dabei wieder alle Sinnesorgane mitspielen: Wie riecht etwas? Woran erinnern Sie Gerüche (zum Beispiel aus der Kindheit)? Wie gemütlich war das große Bett bei den Großeltern? Wie genau fühlte es sich an, darin zu liegen? Wie war es, barfuß übers Gras zu laufen? (Ziehen Sie im Zweifelsfall Schuhe und Strümpfe aus und probieren Sie es einfach, das bietet sich allerdings in der Regel nur im Frühling oder Sommer an ...) Wie hell ist etwas? Wie tief? Wie klein? Wie groß?

☹

Das Geräusch hörte sich nicht gut an.

☺

Plötzlich quietschte und knarrte es hinter uns – so, als ob eine schwere Eisenstange über Beton schleifen würde.

Überlegen Sie auch immer, ob Sie schon genau genug beschreiben oder noch im Sammelbegriff verharren: Eine Rose ist bildhafter als eine Blume, ein Dackel besser als ein Haustier, ein Glas Orangensaft greifbarer als ein Getränk. Und wo wir gerade beim Thema sind: Nennen Sie Namen!

☹

Ich lief immer zum Milchmann an die Ecke.

☺

Ich lief immer zu Milchmann Petersen in die Baumgasse.

Wir, die das hören oder lesen, kennen Milchmann Petersen und die Baumgasse wahrscheinlich nicht. Es entstehen aber trotzdem mehr Bilder in uns als im Ausgangssatz: ein Gesicht, das Bild eines Ladens, vielleicht sogar Gerüche, Geräusche und Geschichten. Wenn Sie Namen verwenden, wirken Sie Anonymität entgegen. (Am besten wäre es natürlich auch hier, in den folgenden Textabschnitten Milchmann Petersen, seinen Laden und die Baumgase bildlich zu beschreiben!)

Nicht umsonst werden Verben auch Königswörter genannt. Der aus alten Kinder- und Schulzeiten bekannte Begriff Tuwörter (oder Tätigkeitswörter) ist sogar noch besser: Er drückt nämlich das Handeln, eben das »Tun« aus. Indem wir Verben verwenden, müssen unsere Personen und Menschen handeln – und beginnen dadurch, wie unser Text, zu leben.

Verben, Verben, Verben!
Adjektive?

Setzen Sie Adjektive hingegen sparsam ein – und wenn, dann verwenden Sie treffende, beschreibende (hell/dunkel, warm/kalt, alt/neu, leicht/schwer) und keine, in denen eine Wertung steckt (nett, gemein oder geizig – gut, schön und Artverwandte haben wir weiter oben schon disqualifiziert). Denn Vorsicht! Bei einem wertenden Adjektiv wie zum Beispiel »geizig« kommt es immer auf den Blickwinkel an: Was für den einen geizig ist, kann für die andere großzügig sein. Auch hier gilt: Ihre Personen und Ereignisse beschreiben sich durch ihr Handeln von selbst. Ein kurzes Beispiel für einen geizigen Menschen – bei dem die Handlung (über das Tuwort!) alles aussagt?

☹

Er war geizig.

☺

Er wusch sich die Hände nur mit kaltem Wasser, um Strom zu sparen.

Darüber hinaus sind manche Adjektive einfach zu schwach und oft völlig wertlos, um mit der Realität mithalten zu können. Wenn Sie Trauer, Schmerzen oder Unglücke beschreiben (zum Beispiel den Verlust eines geliebten Menschen, Hunger oder Kriegsgräuel), dann sind Worte wie furchtbar, schrecklich oder schlimm einfach nichts-sagend. Beschreiben Sie, was Sie gesehen haben – das wirkt viel eindrucksvoller und nachvollziehbarer als tausend Adjektive ...

Wenn Sie nun gar nicht auf ein lieb gewonnenes Adjektiv verzichten mögen, dann setzen sie danach wenigstens einen (echten oder imaginären) Doppelpunkt – und lassen Beispiele folgen.

☺

Es war ein herrlicher Morgen: Der Nebel vermischte sich mit den ersten Sonnenstrahlen und legte sich wie Watte auf die Wiese. Alles glitzerte und blinkte. Ich atmete die klare Luft tief ein und seufzte.

Im Grunde genommen wird der erste Satzteil bis zum Doppelpunkt durch das Folgende überflüssig – denn dass die Situation für den Betrachter »herrlich« ist, wird durch die konkreten Bilder klar. Auch Ihre Gefühle können Sie darstellen, indem Sie sie beschreiben (zeigen):

☹

Ich habe mich sehr unwohl gefühlt und gefürchtet.

☺

Ich konnte kaum atmen. Mein Hals trocknete aus, mein Kopf glühte. Gleichzeitig zitterte ich am ganzen Körper.

Vermeiden Sie umständliche Aneinanderreihungen von Hauptwörtern (so genannte »Nominalkonstruktionen«). Natürlich brauchen wir in allen Texten Hauptwörter – aber viele lassen sich ganz einfach (und höchst wirkungsvoll!) in Verben umwandeln. Vor allem jene, die auf »-ung« enden – das ist ein eindeutiges Signal, daraus schleunigst ein Verb zu machen (um noch genauer zu sein: Fast alle ung-Hauptwörter waren einmal Verben in ihrem früheren Leben ...)

Nominative

☹

Die Streichung der Unterstützung führte zu einer Verarmung der Menschen in unserem Ort, für die die Bezahlung der Lebensmittel bald eine große Problematik darstellte.

☺

Als die Mittel gestrichen wurden (oder noch besser: Als die Bezirksverwaltung die Mittel strich), mit deren Hilfe wir uns über Wasser gehalten hatten, verarmten die Menschen in unserem Ort. Sie konnten die Lebensmittel schon bald nicht mehr bezahlen und bekamen dadurch große Probleme.

Wobei »große Probleme« natürlich auch noch viel bildhafter geht – welches waren denn genau die »großen Probleme«?

Verzichten Sie auch auf feststehende Redewendungen. Es geht darum, dass Sie Ihre eigene Sprache finden! Jeder Ausdruck, den Sie übernehmen, entfernt Sie von Ihrem ganz persönlichen Stil. »Den Drahtesel fahren«, »das Tanzbein schwingen« – Sie können es selbst viel besser! Überlegen Sie kurz, was sie eigentlich sagen wollen, und drücken Sie es dann in Ihren eigenen Worten aus. Das ist – zugegebenermaßen – die etwas aufwändigere Lösung, aber auch die weitaus lohnendere.

Redewendungen und Metaphern

Vorsicht auch bei Metaphern: Sinnbilder, wenn Sie richtig und treffend eingesetzt sind, können durchaus zu einer gehobenen Qualität im Text beitragen. Auch hier gilt aber: Nehmen Sie lieber Ihre eigenen, neuen Bilder. Außerdem ist die Gefahr, dass Sie mit einer Metapher knapp NEBEN dem eigentlichen Bild liegen, das sie ausdrücken wollen, nicht gering.

Eine Alternative bietet sich an: Sie können sehr gut mit den bekannten Begrifflichkeiten spielen, sie also zu Ihren »eigenen« machen, indem Sie sie verändern, abwandeln, umstellen. Auch das ist ein hervorragendes, weil überraschendes Stilmittel: »Ich fuhr auf meinem Rostesel – so alt war das Fahrrad schon.«

Fach- und Fremdworte Verwenden Sie Fremd- und Fachworte äußerst sparsam. Jedes Wort, das für Ihre Zuhörer oder Leser unklar ist, lässt sie in ihrer Aufmerksamkeit stocken. Das kann – zumindest beim Hören – dazu führen, dass die betreffende Person den Anschluss verliert und hängen bleibt. Und selbst, wenn man beim Lesen immer die Möglichkeit hat, noch einmal »zurückzulesen«, stört das Haken, das Nichtverstehen.

Vereinzelte Fachworte verleihen einer Geschichte Authentizität, machen sie echt – deswegen sind sie manchmal nicht zu umgehen. Das betrifft Dinge und Regeln, die nur Ihnen bekannt sind, etwa aus dem Bereich der Arbeitswelt und Ihrer Hobbys. Wenn Sie lange in einem Anwaltsbüro gearbeitet haben, werden Ihnen die entsprechenden Fachausdrücke bekannt sein – anderen, die keine juristische Ausbildung haben, wahrscheinlich nicht. Ein Matrose sollte die Abläufe auf einem Schiff so beschreiben, dass auch Landratten alles verstehen. Wenn Sie also Fachbegriffe verwenden, dann achten Sie darauf, dass klar wird, was Sie meinen – da genügt manchmal ein einziges Wort (»Wir löschten – entluden – das Schiff.«)oder eine kurze Erklärung: »Meine Mutter weichte die schmutzige Wäsche in »Baljen« ein – großen, schweren Zinkwannen.« Sie können die Erklärung auch in den Text integrieren:

☺

Ich genoss es, mich bei meinem Vater, wenn er seinen Paletot trug, anzukuscheln. Der Samtkragen dieses Mantels blieb für mich bis in meine Backfischzeit ein heißgeliebtes Objekt.

Oder:

☹

Bei einer Teezeremonie wird die erste Tasse nicht getrunken, es wird nur an ihr gerochen. Die Flüssigkeit wird abgegossen.

☺

Ich nahm die Tasse in die Hand und wollte gerade trinken, als mich der Meister belehrte, dass man zunächst nur daran riecht. Er nahm mir die Tasse aus der Hand – erstaunt sah ich, wie er den Tee wieder abgoss.

Auch hier entsteht durch das direkte Einbeziehen der ganz persönlichen Situation bildhafte Handlung, die Geschichte wird viel lebendiger. Bauen Sie daher Fakten als Teil der Handlung immer in die Geschichte ein! Sie vermeiden auf diese Weise, dass Informationen »aufgesetzt« oder »drangeklebt« wirken. (Mehr zu diesem Punkt auch im Kapitelabschnitt »Dialoge« weiter unten.)

Verzichten Sie auf vermeidbare Anglizismen. Das heißt nicht, dass Sie englische Begriffe, die in unsere Alltagssprache übergegangen sind, komplett streichen oder durch deutsche Wörter ersetzen müssen – niemand verlangt von Ihnen, »Elektronische Post« anstatt »E-Mail« zu sagen oder zu schreiben. Aber ein Zuviel ist auch hier verkehrt. Lassen Sie einfach Ihren gesunden Menschenverstand spielen! *»Als wir zusammen saßen, kamen wir trotz gemeinsamer Überlegungen zu keinem befriedigenden Ergebnis«* klingt viel besser (weil normaler), als *»Im Meeting konnten wir trotz Brainstorming kein Benefit highlighten«.*

Anglizismen

Einzige Ausnahme – nur schon mal zur Verdeutlichung, die aber nichts mit Ihrer eigenen Sprache zu tun hat: Wenn Sie Personen charakterisieren wollen, dann können und sollen Sie natürlich auf solche Spracheigenschaften zurückgreifen. Sie haben einen Marketingfachmann in Ihrem Leben? Prima! Dann lassen Sie ihn auch genauso sprechen, wie in der zweiten Variante. Aber sprechen und schreiben Sie selbst nicht so. Auch dazu mehr bei »Dialoge«.

Aktiv und passiv Benutzen Sie so oft es geht die Aktiv-Form und vermeiden Sie Passivkonstruktionen. Das Passiv schafft Distanz und Unpersönlichkeit – Aktiv bewirkt Nähe, Authentizität, Spannung, Bilder! Wenn Sie einen Text durchgehend im Passiv schreiben, wird er labberig und inhaltsleer. Im Aktiv beginnt er zu leben, mitzureißen. Auch das Wörtchen »man« gehört in die Passiv-Schublade – und ein weiterer Begriff, den Sie gerne mit Leben füllen dürfen: »jemand«. Ja, wer ist oder war das denn? Wenn Sie es wissen, dann schreiben Sie es auch!

☹

Im Sommer wurden die Stühle in den Garten gestellt, ein Haufen trockener Äste aufgeschichtet und ein Feuer entfacht. Man tanzte den ganzen Abend bis in die Nacht hinein.
☺
Im Sommer stellten meine Eltern Stühle in den Garten. Wir hatten bereits vorher einen Haufen trockener Äste aufgeschichtet, den wir nun zu einem großen Feuer entzündeten. Meine Schwestern tanzten den ganzen Abend bis in die Nacht hinein.

Haben Sie den Unterschied »gefühlt«? Die zweite Version lässt sich sogar noch besser beschreiben, weil durch die handelnden Personen viel mehr Details »wach werden«:

Das ganze Frühjahr über freuten wir fünf Kinder uns auf den Augenblick der Sommersonnenwende. Es war immer wieder ein richtiges kleines Fest für uns: Mein Vater und ich sammelten bereits einige Tage zuvor die alten, knorrige Äste zusammen, die die Frühjahrsstürme im Garten hinterlassen hatten. Wir schichteten sie zu einem für uns Kinder riesig wirkenden Holzhaufen auf – schon Tage vor dem eigentlichen Ereignis standen wir mit großen, staunenden und erwartungsvollen Augen davor und waren nur schwer zum Essen ins Haus zu bekommen. Unsere Bäuche kribbelten fast wie vor dem Weihnachtsabend. Dann kam der große Tag: Meine Schwestern Anne, Sabine und Gerda trugen unsere alten Holzstühle in den Garten und stellten sie im Halbkreis um die Feuerstelle auf. Als sich die Sonne langsam dem Horizont näherte und uns alle in ein tiefes Rot tauchte, entzündete mein Vater einen fingerdicken Holzspan. Unter unserem Kinderjubel hielt er ihn an verschiedenen Stellen in den Holzhaufen, der sich bald darauf in ein knisterndes, knackendes und Funken sprühendes Freudenfeuer verwandelte. Meine Mutter spielte Lieder auf ihrem Akkordeon. Meine Schwestern hatten ihre Freunde eingeladen und tanzten mit ihnen den ganzen Abend um das kleiner werdende Feuer herum, bis nur noch eine schwache Glut schien und wir alle erschöpft im Gras einschliefen.

Sie wenden ein, dass da ja auch viel mehr steht als vorher? Natürlich – die entscheidenden Details sind mir ja auch erst eingefallen, als ich die beschriebene Situation »aktiv« durchlebt habe ...

Eine erlaubte, manchmal sogar notwendige Ausnahme: Sie dürfen das Passiv verwenden, wenn es egal oder nicht eindeutig zu klären ist, wer der Urheber des Geschehens ist (»Die Arbeiter wurden entlassen«)– oder wenn das Aktiv keinen Sinn machen würde. »Ich wurde am 20.12.1942 geboren« muss so bleiben, obwohl Sie natürlich auch schreiben könnten: »Meine Mutter gebar mich am 20.12.1942.«

Vermeiden Sie (unbewusste) Wortwiederholungen. Das geschieht manchmal fast unbemerkt – oft sind es die kleinen, unscheinbaren Wörter, die doppelt oder sogar dreiund vierfach in zwei aufeinanderfolgenden Sätzen vorkommen. Auch hier empfiehlt es sich, den eigenen Text einmal auf Kassette aufzunehmen und hinterher

Wortwiederholungen

anzuhören – oder ihn sich von jemandem vorlesen zu lassen. Denn wenn Sie erst einmal in ihrem Text »drin« sind, sehen Sie buchstäblich die Fehler vor lauter (wiederholt gelesenen) Wörtern nicht mehr.

Es gibt auch hier eine Ausnahme: Wenn Sie etwas besonders betonen wollen, dann sind Wiederholungen ein erwünschtes Stilmittel, das Sie bewusst einsetzen können: »Es war kalt, kalt, kalt!« Um immer ein anderes, aber inhaltlich gleiches Wort einsetzen zu können, schaffen Sie sich am besten den »Textor« an (siehe Literaturliste) oder ein ähnliches Synonymwörterbuch. Das ist natürlich auch hilfreich für den treffenden Ausdruck.

Satzlänge Hemingway hat mit lauter Kurz-Sätzen den Nobelpreis gewonnen, Thomas Mann mit solchen, die über drei Seiten laufen: Sie sehen daran, dass alles möglich ist. Variieren Sie selbst aber am besten die Satzlänge: Wechseln Sie längere Sätze mit kürzeren ab. Längere Sätze bewirken einen ruhigen Erzählfluss, Sie sollten sie also für beschreibende oder einführende Passagen wählen. Kürzere Sätze signalisieren Spannung, Handlung, »Action«. Sie können mit ihnen Akzente in Ihrem Schreiben setzen und zu bestimmten Spannungsmomenten hinführen. Ein Beispiel:

> *Das schiefe Reetdachhaus, in dem ich mit meinen Eltern und meinen vier Geschwistern wohnte, lag versteckt zwischen den hohen Tannen, die den Garten eingrenzten, im Schatten des großen Gebirgsmassivs. Ein sandiger Weg schlängelte sich an den Rosenbeeten entlang vom Gartentor zur Eingangstür, an deren schabendes Knarren ich mich noch heute erinnere. Die knallroten Blumen säumten diesen Weg und verbreiteten einen beeindruckend starken Geruch, wann immer man dort entlang ging. An einem Sommermorgen im Juni kam ich aus der Schule gelaufen. Voller Aufregung riss ich die Gartentür auf, stolperte, rannte weiter. Meine Lunge schmerzte, mein Herz raste. Ich musste nach Hause. Nur noch ein paar Schritte! Schneller, immer schneller lief ich. Gleich würde ich es meiner Mutter erzählen können! Endlich da! Ich riss die Tür auf: »Mama!« – und lief laut lachend ins Wohnzimmer.*

Wenn Sie lange Sätze schreiben, dann achten Sie bitte darauf, dass Sie nicht Nebensätze in Nebensätzen in Nebensätzen verschachteln. Über allem steht immer die Verständlichkeit – sie muss höchstes Ziel bleiben.

Der Blick von außen

Mark Twain hat in seinem Leben Europa bereist und kannte auch die deutsche Sprache recht gut. Als Nicht-Muttersprachler konnte er sie mit der nötigen Distanz betrachten, zugleich offenbar mit einem gehörigen Schreck und einer großen Portion Verzweiflung. Resultat dessen ist ein wundervoll ironischer, aber äußerst treffender Aufsatz über »Die schreckliche deutsche Sprache«, den er gemeinsam mit seinen Reiseberichten verfasst und veröffentlicht hat. Auf rund 20 Seiten hebt er pointiert die Untugenden der deutschen Sprache hervor – ein wahrer Genuss. Ich möchte Ihnen daraus eine meiner Lieblingsstellen zitieren, die an dieser Stelle wunderbar passt – machen Sie es bitte besser:

Die Deutschen haben noch eine Art von Parenthese [Nebensatz], die sie bilden, indem sie ein Verb in zwei Teile spalten und die eine Hälfte an den Anfang eines aufregenden Absatzes stellen und die andere Hälfte an das Ende. Kann sich jemand etwas Verwirrenderes vorstellen? Diese Dinger werden »trennbare Verben« genannt. Die deutsche Grammatik ist übersät von trennbaren Verben wie von den Blasen eines Ausschlags; und je weiter die zwei Teile auseinandergezogen sind, desto zufriedener ist der Urheber des Verbrechens mit seinem Werk. Ein beliebtes Verb ist »abreisen«. Hier folgt ein Beispiel, das ich aus einem Roman ausgewählt und ins Englische übertragen habe:

> *»Da die Koffer nun bereit waren, REISTE er, nachdem er seine Mutter und Schwestern geküsst und noch einmal sein angebetetes Gretchen an den Busen gedrückt hatte, die, in schlichten weißen Musselin gekleidet, mit einer einzigen Teerose in den weiten Wellen ihres üppigen, braunen Haares, kraftlos die Stufen herabgewankt war, noch bleich von der Angst und Aufregung des vergangenen Abends, aber voller Sehnsucht, ihren armen, schmerzenden Kopf noch einmal an die Brust dessen zu legen, den sie inniger liebte als ihr Leben, AB.«*
>
> (Aus: *Mark Twain bummelt durch Europa. Aus den Reiseberichten.* dtv, München 1968)

Die Wahl der richtigen Zeitform

Und noch eine wichtige Grundregel: Halten Sie eine Zeitform durch! Entscheiden Sie sich, ob Sie in der Gegenwart (Präsens) ODER in der einfachen Vergangenheit (Imperfekt/Präteritum) schreiben wollen.

Beide Varianten sind gleichberechtigt möglich – sie erzeugen nur unterschiedliche Stimmungen. Wenn Sie Ihre Geschichte(n) in der Gegenwart schreiben, sind wir mit Ihnen viel dichter dran: Wir erleben die jeweiligen Situationen unmittelbarer, direkter. Wenn Sie die Vergangenheitsform wählen, schaffen Sie eine (zeitliche) Distanz – Ihre Autobiographie bekommt einen stärkeren »Erzählcharakter« (Imperfekt ist ja auch die klassische Zeitform in Märchen! Aber keine Angst – Ihre eigenen Geschichten werden nur dadurch noch lange nicht »märchenhaft« ...)

Nehmen Sie die unterschiedliche Wirkung der beiden nächsten Satzbeispiele wahr:

Ich war fünf Jahre alt, als ich mit meinem Bruder durch den Garten unseres Nachbarn schlich. Wir wollten Äpfel klauen.

Ich bin fünf Jahre alt und schleiche mit meinem Bruder durch den Garten unseres Nachbarn. Wir wollen Äpfel klauen.

Mischen Sie die beiden Formen zunächst nicht. Das ist ein Fehler, der sich immer wieder ungewollt einschleicht – und den man im ersten Moment oft leider gar nicht bemerkt. Machen Sie selbst die Probe: Wenn Sie einen Text hören (oder auch lesen) und Ihnen am Ende irgendetwas komisch vorkommt, liegt es in vielen Fällen einfach daran, dass der Autor oder die Autorin aus Versehen die Zeiten vermengt hat. Ausnahmen dieser Regel sind zeitlich abgesetzte Passagen wie Rückblenden, Einleitung, kommentierende Passagen oder eine Rahmenhandlung. Achten Sie jedoch dabei immer darauf, dass Sie die einzelnen Blöcke klar voneinander trennen.

Die direkte Rede (Dialog) stellt natürlich auch hier eine Ausnahme dar – wenn eine Person spricht, darf und soll sie selbstverständlich in genau der Zeitform sprechen, in der sie es auch tut (oder tat):

> *Die Tür flog auf – mein Vater trat in unser Zimmer.*
> (Imperfekt)
> *»Ich habe eine Überraschung für euch! Kommt doch mal her.«*
> (Präsens)
> *»Wir traten neugierig zu ihm hin.«* (Imperfekt)

Diese Grundregel betrifft vor allem diejenigen, die sich noch am Anfang ihres Schreibens befinden – seien Sie in diesem Fall gut zu sich selbst und halten Sie sich daran. Die Gefahr, dass Sie sonst den Überblick verlieren, ist nicht gering – vor allem, wenn dann auch noch Vorvergangenheit (Plusquamperfekt) ins Spiel kommen sollte. Sobald Sie sich in Ihrem Schreiben sicher(er) fühlen, können Sie natürlich auch mit den Zeitformen experimentieren – aber bitte erst dann.

Achten Sie auch darauf, dass Sie einige Wörter verändern müssen, wenn Sie Ihre Lebens-Erinnerungen im Imperfekt schreiben: Das betrifft Zeitangaben wie »heute«, »morgen« oder »gestern«.

☹
Ich ging heute ins Kino.
☺
Ich ging an jenem Tag ins Kino.

☹
Meine Mutter versprach, uns morgen abzuholen.
☺
Meine Mutter versprach, uns am folgenden Tag / am Tag darauf abzuholen.

☹
Gestern war ich spät nach Hause gekommen.
☺
Am Tag zuvor war ich spät nach Hause gekommen.

Weitere Beispiele:

letzte Woche > in der Woche zuvor / in der vorhergehenden Woche
in drei Tagen > drei Tage später
nächstes Jahr > im Jahr darauf / im folgenden Jahr
dieser Monat > in jenem Monat

Auch das Wort »hier« sollten Sie verändern – wenn Sie sich heute, was ja wahrscheinlich ist, nicht mehr an dem Ort befinden, den Sie beschreiben:

☹
Ich lebte gern in dem Dorf – ich hatte hier alle meine Freunde.
☺
Ich lebte gern in dem Dorf – ich hatte dort alle meine Freunde.

Übung 13:
Veränderung
der Zeitform

Schreiben Sie eine Geschichte in der Gegenwart und verändern Sie sie hinterher in der Zeitform: Schreiben Sie die gleiche Geschichte noch einmal in der Vergangenheit. Ändern Sie dabei nicht bloß die Verbformen! Schreiben Sie das Ganze noch einmal. Legen Sie vielleicht sogar die erste Geschichte beiseite und schreiben Sie sie neu, aus dem Kopf heraus. Schauen Sie, wie sie sich von der Stimmung her verändert – und wie sich eventuell (bestimmt!) auch Ihre Art des Erzählens ändert ...

Abkürzungen

Bitte verwenden Sie keine Abkürzungen wie »ca.« (das lässt sich prima durch »rund« oder »in etwa« ersetzen), »m« oder »km« (Meter und Kilometer) oder – besonders beliebt – »usw.« oder »etc.«. Diese beiden Abkürzungen sind doppelt »verkehrt«, da sie immer auch zeigen, dass sich hier jemand nicht genug Gedanken gemacht hat ... Wenn Sie schreiben: »Ich erinnere mich noch ganz deutlich an meine Kindheitsvergnügungen: Radfahren, Schwimmen etc.«, dann behaupte ich, dass Ihnen noch weitere ganz deutlich einfallen – mindestens eine, und schon haben wir eine hübsche Dreier-Aufzählung (die macht sich immer gut). Wenn Ihnen trotz intensivsten Nachdenkens nur zwei einfallen, dann lassen Sie »etc.« bitte einfach ganz weg.

Zahlen

Schreiben Sie Zahlen von eins bis zwölf aus, verwenden Sie von 13 bis unendlich Ziffern. Auch bei runden, größeren Zahlen wie hundert, tausend oder eine Million bietet sich manchmal zugunsten des Leseflusses das ausgeschriebene Wort an.

Ausnahmen sind zum einen die Uhrzeit: »Es war dreizehn Uhr siebenundzwanzig« sieht ein bisschen umständlich aus, daher einfach »13.27 Uhr« schreiben. Zum anderen das

Datum: Der 17.8.2004 sollte natürlich nicht zu »Siebzehnter Achter Zweitausendundvier« mutieren ...

Spannungssteigerung innerhalb von Sätzen

Versuchen Sie, das stärkste Element eines Satzes ans Ende zu stellen, nicht andersherum:

☺

»*Als sie vorsichtig über den Rand des Felsens schaute, sah sie einen grellen Blitz.*«.

☹

Bei »*Sie sah einen grellen Blitz, als sie vorsichtig über den Rand des Felsens schaute*«, fällt die Spannung zum Satzende hin leicht ab.

Mit der ersten, richtigen Version schaffen Sie sich selbst einen wunderbaren Mini-Spannungsbogen hin zu dem, was danach kommt. Die Erwartung steigt – wenn auch nur um ein klitzekleines bisschen.

Anschlussfehler

Es gibt ganze Bände mit Stilblüten-Sammlungen: Ausdrucksfehler, die aus Versehen entstehen und für unfreiwillige Komik sorgen. Anschlussfehler sind eine der möglichen Ursachen. Bei ihnen bezieht sich der nachfolgende Satzteil nicht auf den vorhergehenden – und andersherum:

☹

Mit ein wenig Milch und Honig versetzt, trug ich meinen Tee ins Wohnzimmer.

In diesem Beispiel wissen wir zwar, um was es geht – genau genommen steht dort aber, dass »ich« mit Milch und Honig versetzt bin, nicht der Tee. Machen Sie die Gegenprobe mit einem identischen Satzbau, aber verändertem Inhalt:

Mit sehnsüchtigen Gefühlen beschäftigt, trug ich meinen Tee ins Wohnzimmer.

Die Gefühle beziehen sich eindeutig auf das nächstfolgende »ich«, nicht auf den Tee. Richtig würde unser Ausgangssatz also lauten:

☺

Ich versetzte meinen Tee mit ein wenig Milch und Honig und trug ihn dann ins Wohnzimmer.

Fazit

Machen Sie sich die »Mühe«, Ihre ganz eigene, kraftvolle und bilderreiche Sprache zu finden. Es lohnt sich! Denn es ist einfach ein tolles Gefühl, wenn sich der eigene Text kraftvoll und interessant anhört – wenn Sie die »richtigen« Worte gefunden haben, wenn Sie genau die Bilder vermitteln, durch die das »Kino im Kopf« entsteht. Darüber hinaus spüren und schätzen Ihre Leser oder Zuhörer es, wenn Sie auf diese Weise authentisch wirken.

Wir runden das Kapitel ab mit einem Zitat aus berufenem Mund:

»Der Unterschied zwischen dem treffenden Ausdruck und dem beinahe treffenden Ausdruck ist der gleiche wie der zwischen einem Blitz und einem Glühwürmchen.«
(Mark Twain, amerikanischer Schriftsteller und Humorist)

Übung 14: Lizenz zum Blödeln

Dazu die »schöne« Übung 14:

Verfassen Sie einen beliebigen Text in zwei Versionen. Machen Sie in der einen bewusst alles falsch (sie können gerne nach der angeführten Liste vorgehen) und in der anderen alles richtig – und staunen Sie, wie verschieden sich Ihre Texte anhören! Das funktioniert sogar oft schon, wenn Sie einfach immer nur die passive Form anstelle der aktiven verwenden.

Übung 15: Textverbesserung

Eine weitere »schöne« Übung (15):

Verändern Sie den folgenden (nicht annähernd Pulitzerpreis-verdächtigen) Text so, dass er »gut« wird! Sie können dabei entweder den ganzen Text umschreiben – oder einzelne Passagen auswählen, die Sie für Ihr eigenes Ausformulieren besonders ansprechen:

Ich ging aus dem Haus. Die Luft draußen war schön – ich freute mich und ging durch die Stadt. Sie war voll. Ich wollte unbedingt weg und ging in Richtung Park. Dort wurde eine wundervolle Landschaft sichtbar. Ich sah ein kleines Haus und ging hin und entdeckte eine Tür. Konnte man sie öffnen? Ja – ich öffnete sie und ging hinein.

8. KAPITEL

Dialoge

Lassen Sie die Menschen reden, die in Ihrer Biographie auftauchen – und zwar so, »wie ihnen der Schnabel gewachsen ist«! Dialoge beleben den Text, machen ihn nuancenreicher und geben Ihnen verschiedene Möglichkeiten der Charakterisierung an die Hand. Das betrifft vor allem sprachliche Merkmale, »Macken« von Menschen.

Manchmal sind die Einzelheiten eines bestimmten Dialogs schwierig zu erinnern, zum Teil sogar unmöglich zu rekonstruieren – Sie haben ihn schlicht und einfach vergessen, und auch keines der Hilfsmittel aus Kapitel 6 will recht greifen. Dann seien Sie mit sich selbst und Ihren Erinnerungen großzügig: Schreiben Sie den betreffenden Dialog so auf, wie Sie ihn noch im Kopf haben, wie er höchstwahrscheinlich stattgefunden hat. Wichtig ist, dass Sie den emotionalen Gehalt des Gesprächs vermitteln, verbunden mit den passenden Spracheigenheiten der beteiligten Personen. So entsteht eine autobiographische Realität, die der echten, der wirklich geschehenen, gleich gesetzt werden darf. Die wichtigsten Vorteile von Dialogen:

Der emotionale Gehalt

Nichts gibt den Personen Ihrer Geschichte eine solche Lebendigkeit, wie ihre Eigenarten, Schrulligkeiten, Macken und Besonderheiten. Sprache zählt neben (Handlungs-)Angewohnheiten, Ritualen und Anschauungen in großem Maße dazu. Sie müssen darüber hinaus nicht alles selbst erklären oder beschreiben – Sie können Ihre Figuren für sich sprechen lassen.

Authentizität

Wenn Tante Martha bei jeder Weihnachtsfeier immer den gleichen Satz gesagt hat, dann ist das überlieferte Familiengeschichte. Sie könnte ohne diesen Satz quasi gar nicht

Wiedererkennung

in Ihren Erzählungen existieren – alle Menschen, die sie kannten, werden sie noch Jahrzehnte später wiedererkennen. Für die, die sie nicht kannten, ergibt sich ein stimmiges Bild.

Intensität Dialoge können alte, lang zurück liegende Gefühle wieder an die Oberfläche des Bewusstseins holen: Die Intensität, mit der Sie schreiben, steigert sich – und auch jene, mit der Ihre Texte gelesen werden.

Leichtigkeit und Humor Es macht einfach Spaß, sich an die sprachlichen Besonderheiten von Familienmitgliedern oder anderen Menschen zu erinnern. Seien Sie dabei liebevoll: Es geht nicht darum, jemanden auszulachen, sondern mit ihm oder ihr zu lachen.

Achten Sie immer darauf, dass die Sprache, die Sie den Menschen Ihrer Autobiographie in den Mund legen, stimmig ist. Ein Kind spricht natürlich anders als ein Erwachsener, bestimmte Begriffe würde es nicht wählen. Wenn Sie aus einem Dorf in Süddeutschland stammen, werden die Menschen dort in der Regel auch so sprechen – und nicht glattes Hochdeutsch.

Wenn Sie sich an bestimmte Redens-Arten der von Ihnen beschriebenen oder erwähnten Menschen erinnern, haben Sie also leichtes Spiel. Wenn Sie Teile rekonstruieren müssen, bieten sich verschiedene Hilfen an. Die wichtigste: Zuhören! Vielleicht gibt es noch Verwandte, die einen ähnlichen Dialekt sprechen oder vergleichbare Spracheigenheiten zeigen. Oder haben Sie noch alte Briefe mit Redewendungen? Ansonsten: Setzen Sie sich ins Café (oder in die Straßenbahn, in den Bus, stellen Sie sich ins Einkaufszentrum) und belauschen Sie die Sprache der Menschen, denen Sie dort zufällig begegnen. Ihr Opa ist im Rheinland aufgewachsen, Sie selbst sind aber in Norddeutschland geboren? Dann fahren Sie (wenn es Ihnen wirklich wichtig ist) einmal ins Rheinland und setzen Sie sich dort ins Café!

Sollte Ihnen die Verschriftlichung von Dialekten schwierig erscheinen, dann seien Sie auch in diesem Fall nicht zu genau: Schreiben Sie lautmalerisch – oder einfach so, wie Sie denken, dass es richtig ist.

Tipp: Lautmalerei

Um in einer längeren Dialogpassage die Worte »sagen«, »antworten« und »fragen« nicht so oft zu verwenden und sich damit zu wiederholen, lassen sich neben ausgefalleneren Begriffen wie »stottern«, »schreien«, »flüstern« (alle schon wesentlich besser!) wunderbar Bewegungs- und Körpersprachensynonyme setzen. Vermeiden Sie auch hier überflüssige Adjektive (»sagte er wütend« oder »meinte sie freundlich«). Am besten ist es, wenn die Art und Weise des Gesagten durch den Inhalt der Sätze und durch die Körpersprache selber deutlich wird!

Abwechslungsreiche Wortwahl

☹

»Warum hast du das getan?«, fragte sie.
»Ich weiß es nicht ...«, antwortete ich verschämt.
Sie sagte: »Nächstes Mal bin ich nicht so freundlich.«
☺
Sie fasste mich am Arm. »Warum hast du das getan?«
Ich blickte zu Boden. »Ich weiß es nicht ...«
Sie lächelte und strich mir über den Kopf. »Nächstes Mal bin ich nicht so freundlich.«

Der zweite Dialog hört sich flüssiger an, es kommt Bewegung in die Sätze – im wahrsten Sinne des Wortes! Eine Szene entsteht, wir »sehen« viel mehr Bilder als im Ausgangsdialog.

Achten Sie außerdem bei Dialogen – wie bei Ihrem eigenen Geschriebenen – darauf, dass Sie sie so schreiben, wie sie auch tatsächlich hätten gesagt werden können! Das betrifft vor allem Informationen, die Sie über einen Dialog vermitteln wollen – an sich ja eine gute Idee:

Realistischer Inhalt

85

☹

»Du bist damals auf den Apfelbaum geklettert und nicht wieder heruntergekommen. Wir haben uns alle erschreckt und mussten die Feuerwehr rufen.«

Klar – das weiß das »Du« ja, schließlich saß er oder sie oben auf dem Baum und hat alles genau mitbekommen. Die sprechende Person würde diesen Satz also so NICHT ausdrücken. Wenn Sie die Information des Kletterereignisses an Ihre Leser weiterreichen wollen, dann überlegen Sie sich, wie Sie es im Gespräch sagen würden!

☺

»Weißt du noch, wie du damals auf den Apfelbaum geklettert und nicht wieder heruntergekommen bist? Ich habe den Schrecken bis heute nicht vergessen. Und erst, als dann noch die Feuerwehr kommen musste!«

Übung 16:
Fiktives
Gespräch

»Belauschen« Sie ein fiktives Gespräch zwischen zwei Personen. Schreiben Sie den Verlauf mit – also nur die Sätze im Wechsel, ohne weitere Anmerkungen von Ihnen. Überarbeiten Sie in einem zweiten Schritt den fertigen Dialog, indem Sie nun die »Zwischentexte« einfügen. Versuchen Sie dabei, so wenig wie möglich auf Standardwörter wie »sagen«, »fragen«, »antworten« oder auf Adjektive zurückzugreifen.

Übung 17:
Innerer
Dialog

Wenden Sie Übung 16 auf sich selbst an: Entdecken Sie zwei Personen oder zwei Wesen in sich selbst, die miteinander sprechen. Beschreiben Sie diese Szene – lassen Sie sich überraschen, was Sie hören werden! Eine ähnliche Übung (Nr. 48) finden Sie Kapitel »Der Schmerz der Erinnerungen«.

9. KAPITEL

Kleiner Exkurs II: Schreiben verlernen

Im Grunde genommen müssten alle Schreibseminare und entsprechende Ratgeber nicht »Lernen Sie schreiben«, sondern »Verlernen Sie schreiben« heißen. Wir alle haben im Laufe unseres Lebens nämlich eine ganze Menge Regeln, Vorschriften und Bestimmungen lernen müssen – viele davon sind lebensnotwendig, andere behindern uns jedoch stark, die eigene Phantasie und Kreativität fließen zu lassen. Bei der Beschäftigung mit Schreiben betrifft das vor allem jene Dinge, die uns beim Heranwachsen in der Schule beigebracht wurden: Wie fange ich eine Geschichte an, wie baue ich sie auf, wie ziehe ich ein Resümee – alles Fragen, die uns direkt in die Sackgasse oder vor ein leeres Blatt Papier führen, das sich einfach nicht füllen mag. Werfen Sie diese Regeln über Bord – und Sie werden tolle Geschichten schreiben!

Durchbrechen Sie die Regeln

Vertrauen Sie darauf, dass Ihre Ideen und Gedanken Sie zum Ziel führen – lassen Sie sich von Ihren Assoziationen führen: Eine Erinnerung ruft eine andere ins Gedächtnis, die wiederum neue Türen öffnet. So kommen Sie bei Ihrer Erinnerungsarbeit ohne vorheriges Planen und Strukturieren an einen Punkt, an den Sie vielleicht sonst nie gedacht hätten. Assoziationen sind immer Rückgriffe auf bereits Gelebtes und Erfahrenes und dringen sogar bis in tiefste Schichten des Unbewussten vor – eben weil sie absichtslos, unreglementiert und spontan sind. Unser verstandorientierter Kopf verhindert das oft.

Erinnerungsketten

Ich möchte Ihnen hier einen Kreativitäts-Klassiker vorstellen: Eine hervorragende Übung, um Ihre Ideen in Gang zu setzen und gleichzeitig thematisch voranzukommen. Die »Cluster«-Methode basiert auf dem Assoziations-Prinzip. Die Idee ist nicht neu, aber einfach und genial. Manche nennen es auch »Mindmapping« oder »Bewusstseinsstrom«

– lassen Sie sich auch hier nicht von Begriffen verwirren, sondern finden Sie Ihren ganz eigenen Weg.

Übung 18:
»Cluster«

1. Nehmen Sie zwei leere Blätter weißes Papier, möglichst in DIN A4-Format, gerne auch größer.

2. Schreiben Sie Ihr »Zielwort« (zum Beispiel »Sommer«, »Tante Grete« oder »Geburtstag«) in die Mitte einer der beiden Seiten und malen Sie einen Kreis drum herum.

3. Gehen Sie von diesem Begriff aus und schreiben Sie das erste Wort, das Ihnen einfällt, neben den Kreis mit dem Zielwort. Ziehen Sie auch um dieses Wort einen Kreis. Was fällt Ihnen nun zu diesem Wort ein? Überlegen Sie nicht lange, schreiben Sie das hin, was Ihnen spontan einfällt. Beziehen Sie Ihre Assoziationen immer nur auf das vorhergehende Wort, unabhängig vom Zielwort. Vermeiden Sie unbedingt, Ihre Ideen zu bewerten oder zu zensieren, schreiben Sie einfach – auch, wenn Ihnen der entsprechende Begriff unpassend erscheint. ALLE Wörter, die Ihnen auf diese Weise einfallen, haben ihre Berechtigung, WEIL sie Ihnen einfallen.

4. Irgendwann ist diese erste Reihe fertig – Sie haben das Gefühl, dass alles aufgeschrieben ist. Kehren Sie zum Zielwort zurück und schreiben Sie wieder ein Wort neben den Kreis, das Ihnen dazu einfällt. Fahren Sie wie bei der ersten Kette fort. Wenn Sie in einen Assoziationsfluss geraten und ein Wort nach dem anderen aus Ihnen heraussprudelt: auch gut! Behindern Sie nicht Ihre Kreativität beim Entfalten. Sie können die Ketten auch durch

kleine Striche oder Pfeile verbinden. Sollte
der Ideenfluss stocken, dann halten Sie einfach einen Moment inne, malen Kreise oder
Striche – es wird garantiert weitergehen.

5. Lassen Sie auf diese Weise ungefähr fünf
bis acht Reihen entstehen. Hören Sie nicht mit
einer oder zwei auf! Nur so kommen Sie an
tiefer liegende Erinnerungen heran.

6. Irgendwann wird Ihnen ein Gedanke kommen, ein Bild, ein Satz – ein Anfang, etwas,
über das Sie gerne schreiben würden. Tun Sie
genau das auf dem zweiten Blatt Papier. Beginnen Sie zu schreiben! Sollte sich dieser Gedanke nicht von selbst einstellen, dann ist das nicht
schlimm. Es zeigt nur, wie sehr Sie immer noch
mit dem Kopf dabei sind. Lassen Sie in diesem
Fall ihre vorher notierten Assoziationen auf
sich wirken. Irgendein Element wird Sie zum
Schreiben anregen. Die Geschichte kommt
dann von selbst, weil Ihr bildliches Denken
schon ein Bedeutungsmuster entdeckt hat.

7. Schreiben Sie so lange, bis Ihre Geschichte
erzählt ist. Sie dürfen dabei gerne den ersten Zet-
tel benutzen: Suchen Sie sich jene Begriffe heraus,
die Ihrem Gefühl nach passen. Das kann einer
sein, zwei, drei, zehn – oder vielleicht sogar alle.

8. Schließen Sie am Ende den Kreis Ihrer
Geschichte, indem Sie zum Anfang zurückkehren – greifen Sie den Ausgangsgedanken,
das Wort, das Gefühl, die Wendung auf. Verbinden Sie Ende und Anfang miteinander: Sie
erreichen auf diese Weise, das Ihre Geschichte
abgeschlossen und rund wirkt.

9. Nehmen Sie sich am Ende einige Minuten Zeit für die Überarbeitung. Korrigieren Sie Rechtschreibfehler, glätten Sie sprachliche Stolpersteine, achten Sie auf Wortwiederholungen, die im Erzählfluss entstanden sind. Ändern Sie aber NICHT die Struktur oder den Inhalt Ihrer Geschichte – das wäre dann bereits eine zweite. Sollte eine ganz andere Geschichte entstanden sein, als Sie eigentlich schreiben wollten – wunderbar, dann wollte sie einfach aus Ihnen heraus. Freuen Sie sich, dass sie da ist und kehren Sie dann noch einmal zum Zielwort zurück. Es wird genug Material vorhanden sein, das dann in die ursprünglich gewünschte Geschichte mündet.

Wenden Sie diese Übung so flexibel wie möglich an. Probieren Sie aus, wie Sie am besten damit arbeiten können, es gibt im Grunde genommen auch hier kein »richtig« oder »falsch«. Wenn Sie beim ersten Durchgang Probleme haben, weil der Kopf sich immer wieder einmischt, dann geben Sie sich und der Übung eine weitere, vielleicht auch eine dritte Chance. Je mehr Sie damit vertraut werden, desto einfacher geht es. Entscheidend ist, dass Sie ans Ziel gelangen: Das leere Blatt mit einem Erlebnis aus Ihrem Leben zu füllen.

Literaturtipp

Wenn diese Übung für Sie nützlich ist, dann besorgen Sie sich folgendes Buch – hier finden Sie noch viele weitere Beispiele, die diese Grundübung erweitern.

Gabriele L. Rico: *Garantiert schreiben lernen. Sprachliche Kreativität methodisch entwickeln – ein Intensivkurs.* Rowohlt, 1998

10. KAPITEL

Weitere autobiographische
Schreibübungen

Zusätzlich zu den bereits in den einzelnen Kapiteln angeführten Übungen (1-18) möchte ich Ihnen hier noch einige weitere vorstellen, sie betreffen verschiedene Aspekte des autobiographischen Schreibens. Nicht alle beziehen sich dabei auf die Realität – aber das sollen sie in dem Fall auch gar nicht. Es geht auch darum, die eigene spielerische Leichtigkeit (wieder) zu entdecken und Anregungen für zusätzliche Erinnerungen zu erhalten. Vielleicht verstecken sich in den Texten, die Sie dadurch schreiben, ja auch schon solche, die Sie für Ihre Autobiographie nutzen können.

Übung 19: Familienstammbaum

Zeichnen Sie einen Stammbaum, entweder zu Ihrer eigenen Geschichte oder zu der Ihrer Ahnen, Ihrer Bekannten, Freunde oder Freundinnen – oder aber auch einen fiktiven Stammbaum. Verfassen Sie dann zu jeder Person dieses Stammbaums ein paar Worte. Versuchen Sie, möglichst viel herauszubekommen (siehe auch im Kapitel »Hilfsmittel«). Fügen Sie – falls vorhanden – Fotos in den Stammbaum ein, schreiben Sie biographische Skizzen dazu. Gestalten Sie das Ganze entweder als Buch oder auf einem großen Bogen Papier, den Sie täglich sehen können. Versuchen Sie, nach und nach Lücken zu schließen.

Übung 20: Lebensbaum

Eine Variante: Nehmen Sie sich ein großes Blatt Papier (DIN A2) und malen Sie Ihr Leben als Baum auf. Der Stamm stellt die Geburt dar, die Wurzeln Eltern, Großeltern. Malen Sie den Stamm weiter, lassen Sie Ihren Lebensbaum noch einmal wachsen: Welche Äste zweigen als erstes ab? (Das kann der Ast der Einschulung sein, der Kindheitsfreunde, aber auch von Krankheiten oder Notsituationen.) Wie wachsen diese ersten Äste weiter?

Wohin führen sie? Und welche Äste wachsen später (Heirat, Ausbildung, Beruf)? Welche Blätter tragen sie?

Übung 21:
Namens-
bedeutung(en)

Unser Name sagt über jeden von uns etwas aus – er macht uns unverwechselbar und einzigartig, also genau das, worum es beim autobiographischen Schreiben geht. Denken Sie an Ihren Namen, erinnern Sie sich, welche Bedeutungen und Gefühle er in den jeweiligen Lebensphasen hervorgerufen hat. Warum haben Ihre Eltern gerade diesen Namen gewählt? Ist es der Name des Vaters oder der Großmutter? Was für eine Bedeutung hat diese über den gleichen Namen hergestellte Verbindung für Sie? Welche Koseformen oder Spitznamen wurden oder werden Ihnen gegeben? Warum? Zu jedem Namen gibt es zudem eine umfangreiche Wortgeschichte. Was bedeutet Ihr Name? Und was bedeutet das für Sie? Lehnen Sie sich bei Ihrem Vornamen an die wirkliche Namensgeschichte an oder erfinden Sie eine eigene Geschichte zu Ihrem Vornamen.

Übung 22:
Lebens-
entscheidungen

Beschreiben Sie eine wichtige Entscheidung in Ihrem Leben. Wie sah sie aus? Warum haben Sie sie so – und nicht anders – getroffen? Welche Konsequenzen hatte das für Sie? Wie beurteilen Sie heute diese Entscheidung?

Übung 23:
Namens-
bedeutung(en)

Sie standen und stehen in Ihrem Leben immer wieder an Scheidewegen – und können in der Regel nur einen davon beschreiten. Jetzt dürfen Sie einmal träumen – denn Träume, Wünsche und Hoffnungen (also nicht-gelebte Varianten des eigenen Lebens) gehören genauso zu unserem Leben wie die Realität! Im Grunde genommen könnte man sogar sagen, dass sie Teil der Lebens-Realität sind. Schreiben Sie deshalb Geschichten zum Thema »Was wäre gewesen, wenn« oder »Was wäre gewesen, wenn nicht ...«. Verfolgen Sie diejenigen Ihrer Lebenswege weiter, die Sie nicht gegangen sind.

Wir alle überprüfen unser Leben, was wir gewünscht und was wir gemacht haben. Welche Sehnsüchte sind noch offen? Machen Sie dazu folgende Übung: Sie haben einen Schlüssel in der Hand. Öffnen Sie damit eine geheime Tür und schreiben Sie auf, was Sie hinter dieser Tür finden oder was Sie erleben. Das können übrigens neben Sehnsüchten auch konkrete Bilder aus dem Leben sein. Lassen Sie sich überraschen!

**Übung 24:
Sehnsüchte
und Wünsche**

Beschreiben Sie einen typischen Generations- oder Erziehungskonflikt, der in Ihrem Leben eine Rolle gespielt hat – oder den Sie von außen erlebt haben. Versuchen Sie dabei, die Sichtweise beider beteiligter Seiten einzubeziehen und nachzuvollziehen. Diese Übung erfordert ein hohes Maß an (gesunder) Selbstkritik, die auch mit schmerzhaften Erkenntnissen über sich selbst und die eigene Position verbunden sein kann – aber da wollen wir ja auch hin.

**Übung 25:
Generations-
unterschiede**

Beschreiben Sie eine Schulstunde, die Ihnen aus bestimmten Gründen im Gedächtnis geblieben ist. Probieren Sie danach, einen Perspektivwechsel vorzunehmen: Notieren Sie die Gedanken des Lehrers in der beschriebenen Stunde – so, wie Sie sich vorstellen, dass sie gewesen sein könnten. Eine etwas spezifischere Variante: »Mein erster Schultag«.

**Übung 26:
Die Schulstunde**

Beschreiben Sie einen Morgen Ihrer Kindheit, der möglichst weit zurückliegt. Wo fangen Ihre bewussten Erinnerungen an? Beschreiben Sie Weckrituale, Waschen, Anziehen, Frühstücken, Schulweg? Hilfe bei der Hausarbeit?

**Übung 27:
Ein Kindheits-
morgen**

Schreiben Sie alle Wohnorte auf, an denen Sie in Ihrem Leben gewohnt haben. Suchen Sie sich drei oder vier aus und beschreiben Sie mit Berücksichtigung des Umfeldes je eine Episode, die Ihnen zu diesem Ort einfällt. Erwähnen Sie konkrete Namen von Straßen, Häusern und Geschäften. In einem weiteren Schritt können Sie sich dann auf einen

**Übung 28:
Wohnorte**

Ort konzentrieren – schreiben Sie 45 Minuten dazu. Dies wird voraussichtlich mehr in die Tiefe führen. Eine Variante dieser Übung: Erinnern Sie sich an verschiedene Menschen, die Sie in Kindheit, Jugend und frühem Erwachsensein getroffen haben und die Sie mit einer Geschichte in Verbindung bringen. Notieren Sie ihre Namen – so, wie Sie sie damals genannt haben. Schreiben Sie möglichst viel auf, was Ihnen zu dieser Person einfällt, und schreiben Sie dann die Geschichte dieser Begegnung.

**Übung 29:
Tagebuch**

Schreiben Sie einen (fiktiven) Tagebucheintrag einer frei wählbaren Person. Was hat sie an diesem Tag erlebt, was hat sie gefühlt? Welche Wünsche und Sehnsüchte schreibt sie auf?

**Übung 30:
Zeit und Glück**

Schreiben Sie eine kurze Geschichte zum Thema »Zeit« oder »Glück« – was bedeuten diese Begriffe für Sie? Füllen Sie sie mit (Ihrem) Leben!

**Übung 31:
Phantasie-
spaziergang**

Phantasieübung I: Stellen Sie sich vor, dass Sie spazieren gehen. Wählen Sie die für Sie passendste Umgebung (Waldweg, Meeresufer, Gebirgspfad). Sie sind ganz alleine und können Ihren Gedanken nachhängen – da begegnet Ihnen plötzlich ein anderer Mensch. Sie wissen: Dieser Person können Sie jede Frage stellen, die Sie schon immer stellen wollen – und Sie bekommen eine Antwort. Danken Sie und gehen Sie in Gedanken weiter. Schreiben Sie das Erlebte hinterher auf.

**Übung 32:
Die
Lebensbühne**

Phantasieübung II: Stellen Sie sich eine leere Bühne vor, die Sie betrachten. Menschen betreten sie und errichten Kulissen. Was genau können Sie sehen? Schreiben Sie es hinterher auf, in allen Details. Zweiter Schritt: Die Kulissen werden von Lebewesen bevölkert. Welche sind es? Auch dies nach dem »Anschauen« notieren. Dritter Schritt: Diese Lebewesen treten in Interaktion miteinander, sie reden und handeln. Was hören und sehen Sie? Ein Tipp: Fragen Sie sich vorher, was »Ihr« momentanes Thema ist. Geben Sie sich keine Antwort – bewegen Sie einfach nur diese Frage im Kopf und schauen Sie dann erst, was auf der Bühne passiert.

Phantasieübung III: Wählen Sie einen Gegenstand und treten Sie mit ihm in einen Dialog! (Keine Angst, es schaut ja keiner zu ...!) Sprechen Sie mit Ihrem alten Teddy, mit Ihrer Lieblingsteekanne, mit einem alten Kleid. Und lassen Sie sich von dem Gegenstand Geschichten erzählen. Eine Variante: Schreiben Sie in Ich-Form aus dem Blickwinkel des Gegenstandes – wie er Sie sieht, was er mit Ihnen erlebt.

Übung 33: Phantasiegespräch

Sie sind wieder ein Kind. Schreiben Sie an den erwachsenen Menschen, der Sie heute sind, einen Brief. Was werden Sie sich erzählen oder fragen? Benutzen Sie eine kindliche Sprache.

Übung 34: Kinderbrief

Drehen Sie die Übung um: Schreiben Sie sich selbst einen Brief zurück in Ihre Kindheit – was berichten, raten, erklären Sie Ihrem um Jahrzehnte jüngeren Ich?

Übung 35: Brief in die Vergangenheit

Schreiben Sie einen Brief an eine frei wählbare Person (öffentliches oder privates Leben), in den Sie alles hineinpacken können, was Sie ihr/ihm schon immer einmal sagen wollten. Eine spaßige Variante zum Dampf-Ablassen ist die »Rache-Übung«. Sollten Sie einmal eine richtige Wut auf jemanden verspüren, dann machen Sie ihn oder sie einfach zur Hauptfigur Ihrer (Kurz-)Geschichte – und lassen Sie es dieser Person richtig schlecht gehen. Vom Ausrutschen auf der Bananenschale bis hin zum Meuchelmord ist alles erlaubt – es geschieht ja nur auf dem Papier. Zeigen Sie das Resultat niemandem, sondern erfreuen Sie sich daran, wie gut es Ihnen auf einmal geht ...

Übung 36: Öffentlicher Brief

Eine Übung für »Übergangszeiten«, wie zum Beispiel die Jahreswende: Beginnen Sie Ihre Geschichte mit dem Satz »Letztes Jahr habe ich ...« und führen Sie ihn fort. Etwa in der Mitte des Blattes schreiben Sie dann »Dieses Jahr werde ich ...« und ergänzen auch hier den Rest. Diese

Übung 37: Bestandsaufnahme

95

Übung lässt sich je nach Bedarf variieren: »Letzte Woche habe ich ... nächste Woche werde ich ...«; »Bis gestern habe ich ... ab jetzt/morgen werde ich ...«; »Vor meiner Scheidung/Hochzeit habe ich ... nun werde ich ..."

**Übung 38:
Lebenslisten**

Erstellen Sie eine Liste: Was ist Ihnen in Ihrem Leben gelungen? Freuen Sie sich darüber und erleben Sie diese schönen Momente alle noch einmal. Dann können Sie eine zweite Liste schreiben: Was ist gescheitert, was war schmerzhaft? Versuchen Sie, ehrliche Gründe zu nennen. Vergleichen Sie beide Listen – und schauen Sie, was Sie tun können, damit die erste Liste künftig umfangreicher wird (oder bleibt!) als die zweite.

**Übung 39:
Poesie**

Lassen Sie sich von Ihren Erinnerungen zu einem Gedicht inspirieren – oder zu einem Liedtext, vielleicht zu einer bekannten Melodie.

**Übung 40:
»Zufälle«**

Machen Sie sich einmal Gedanken über die so genannten Zufälle in Ihrem Leben. Welche Momente haben Sie erlebt, in denen Sie sich über gleichzeitige Ereignisse, über unerwartete Gemeinsamkeiten, gewundert haben? Erstellen Sie eine Liste mit den Zufällen Ihres Lebens und wählen Sie einige aus, über die Sie eine Geschichte schreiben. Wenn Sie mögen, können Sie diese Erzählungen auch als einzelne, zwischengeschobene Kapitel für Ihre Autobiographie verwenden.

**Übung 41:
Jahreszeiten**

Welches ist Ihre Lieblingsjahreszeit? Schreiben Sie auf, warum das so ist.

Der Aufbau

*Das letzte, was man findet, wenn man ein Werk schreibt,
ist, zu wissen, was man an den Anfang stellen soll.*
(Blaise Pascal, französischer Philosoph,
Mathematiker und Physiker)

Da Herr Pascal in seinen Berufen genug umfangreiche
Werke verfasst hat, dürfen wir ihm in seinen Gedan-
kengängen ruhig folgen, außerdem war der Mann ein
großer Anhänger der Intuition und der »Logik des Her-
zens« – und beides ist ja, wie wir alle schon wissen, auch
für das autobiographische Schreiben äußerst wichtig!

Doch schnell zurück zur Arbeit – das Zitat verdeutlicht eine
Grundaussage, die ich Ihnen beim Thema »Aufbau« an IHR
Herz legen möchte: Kümmern Sie sich zunächst NICHT
um den Aufbau. Ich werde Ihnen sagen, warum nicht.

Das Leben von uns allen erscheint uns manchmal wild, *Konstruktives Chaos*
unberechenbar, durcheinander (negativ ausgedrückt); lei-
denschaftlich, voller Abenteuer und abwechslungsreich
(positiv ausgedrückt). Das autobiographische Schreiben
vereint zwei Aspekte: Zum einen das »Chaos«, das Unbe-
rechenbare des Lebens – Sie stellen es noch einmal in seiner ganzen Vielfalt dar. Zum anderen können Sie durch
das Beschreiben Strukturen erkennen und darstellen,
Zusammenhänge, Ähnlichkeiten. Eine Biographie sollte
nie zu strukturiert und geordnet sein – aber auch nicht
den Eindruck erwecken, dass Sie planlos losgeschrieben
haben. Versuchen Sie, eine Mischung hinzubekommen:
Eine leidenschaftliche und lustvolle An-Ordnung ihres
bunten Lebens mitsamt der entscheidenden Ereignisse,
Erfahrungen, Höhen und Tiefen.

Wenn Sie auf Ihr Leben zurückblicken, werden Sie also schnell feststellen, dass sich eine ganze Menge Material angesammelt hat. Und sofort drängen sich Ihnen wahrscheinlich spontan Fragen dieser Art auf:

o »Wie fange ich überhaupt an?«
o »Und wie baue ich das Ganze auf?«
o »Ich muss doch in der Kindheit anfangen, oder?«
o »Welchen Satz schreibe ich denn nun als erstes?«

Alles Fragen, die Sie sofort in eine Sackgasse führen, an deren hinterstem, dunklem Ende der kreativitäts- und motivationsvernichtende Satz »Das schaffe ich doch nie!« steht. Vermeiden Sie diese Falle von Anfang an! Und das heißt konkret:

Schreiben Sie einfach die erste Geschichte.

Spontaneität

Schreiben Sie, was Ihnen spontan einfällt – ein Ereignis aus Ihrem Leben, ein Bild, eine Szene, eine Anekdote, ein Gefühl. Und damit haben Sie schon den wichtigsten Schritt hinter sich.

Exemplarisches Schreiben

Autobiographisches Schreiben geschieht nie lückenlos, sondern beispielhaft: Anhand einiger Beispiele wird deutlich, was die Person – also Sie – ausmacht. Sie wählen Ausschnitte, die sich dann zu einem exemplarischen Gesamtbild verdichten. Und diese Art von Vollständigkeit zu erhalten, ist das Ziel – Sie wollen zeigen, wer dieser Mensch war und ist. Die Autobiographie kann gar nicht vollständig sein, denn dann müssten Sie ja ständig »mitschreiben«. Außerdem endet sie nie – wir entwickeln uns schließlich immer weiter. Lassen Sie sich von einem wichtigen Gedanken führen: Nehmen Sie Ihre Leser an die Hand! Führen Sie sie durch Ihr Leben, zeigen Sie ihnen die wichtigsten Erlebnisse.

Für den späteren Aufbau ist es hilfreich, wenn Sie Ihre eigenen Lebensschwerpunkte inmitten der Vielfalt entdecken. Entwerfen Sie Listen mit Personen, Orten, Dingen und Ereignissen, die wichtig in Ihrem Leben waren. Vervollständigen Sie diese Listen immer weiter. Es können auch »kleine« Dinge sein, in denen das »Große« steckt! (Um die Wahrheit zu sagen: Ganz oft sind es genau diese kleinen Dinge ...) Im Grunde genommen kann hieraus theoretisch sogar eine ganze Biographie entstehen.

Übung 42:
Lebensinventar

Vergessen Sie also, was Sie über Aufbau und Struktur gelernt haben, vergessen Sie Regeln und Vorschriften. Schaffen Sie Ihre eigenen Regeln! Und die entstehen nach dem Lust-Prinzip. Handeln Sie fröhlich nach dem bekannten Motto: »Jede Reise beginnt mit dem ersten Schritt.« Und gehen Sie einfach los. Tragen Sie in buchstäblich kleinen Schritten den Berg ab, vor dem Sie zu stehen meinen (wir haben bereits darüber gesprochen).

Ich möchte mit Ihnen zunächst einige wichtige Überlegungen anstellen, die uns auf den richtigen Weg führen, die eigene »Gesamtbiographie« in Angriff nehmen zu können. Schauen Sie zunächst einmal bei sich selbst, vielleicht mit Hilfe der Vorübung: Welche Themen liegen an der Oberfläche – was beschäftigt Sie immer und immer wieder? Worüber denken Sie nach, was lässt sie nachts nicht schlafen? (Das kann auch Positives sein!) Zu welchen Szenen in Ihrem Leben schweifen Ihre Gedanken immer wieder zurück, wenn Sie mal Zeit haben und einfach nur so vor sich hinträumen? Was schmücken Sie beim Erzählen von Geschichten immer wieder und sehr ausschweifend aus? Bei welchen Themen kommen Sie so richtig in Fahrt? Dies vor allem sind Geschichten, die Sie hervorragend erzählen werden – denn Sie beschreiben sie mit innerer Leidenschaft, mit einem in Ihnen brennenden Feuer! Es gibt Menschen, die ihre leidenschaftlichsten, bildhaftesten und

Lebens-Themen

ausdrucksstärksten Passagen schreiben, wenn sie sich – zum Teil Jahrzehnte nach dem eigentlichen Ereignis! – noch einmal darüber aufregen ... Schauen Sie für Anregungen weiter unten zu den »inhaltlichen Gliederungsmöglichkeiten«.

Wachstum Machen Sie sich auch klar, dass Sie nicht Ihr ganzes Leben im ersten Kapitel beschreiben müssen! Auch nicht im zweiten Kapitel. Lassen Sie sich Zeit, vertrauen Sie darauf, dass sich das Bild nach und nach – wie bei einem Puzzle – zusammenfügt. Die Leser »wachsen« mit Ihnen und mit den anderen Menschen, die Sie beschreiben. Das entspricht übrigens genau dem Leben: Auch hier lernen wir immer neue Seiten an Menschen kennen, mit denen wir ein Stück Weg gemeinsam gehen, immer neue Details, das Bild wird immer genauer und birgt dennoch manche Überraschungen – wie wir alle aus guten und schlechten Erfahrungen wissen.

Kennen Sie den bekannten Ausspruch: »Das Leben ist wie ein Bild, das man mit Bleistift malt, ohne ein Radiergummi zu haben«? Mit Ihrer Autobiographie malen Sie auch ein Bild. Sie malen das Bild Ihres Lebens, sie zeichnen es nach – mit einem entscheidenden Unterschied: Beim Schreiben haben Sie sehr wohl ein Radiergummi – um jene Stellen wieder auszuradieren, die Sie am Ende nicht mit hineinnehmen möchten.

Ihr Lebensbild

Stellen Sie sich vor, Sie sind Maler und Ihre Autobiographie ist ein Gemälde, dass Sie erschaffen wollen. Wie gehen Sie vor? Sie überlegen sich zunächst, was für das Bild wichtig sein wird, umreißen erste Ideen-Skizzen und Entwürfe von Ausschnitten, die Sie später einfügen wollen. Dann wenden Sie sich der weißen Leinwand zu und teilen sie in grobe Linien und Abschnitte ein, schaffen so eine gelungene Aufteilung und Perspektive.

Nun beginnen Sie, erste deutlichere Umrisse zu zeichnen, Sie schauen, wo was Platz findet und wie alles zueinander steht. Danach zeichnen Sie die Konturen stärker, genauer, und setzen die ersten Details fest. Das Bild wächst, man kann schon deutlich erkennen, in welche Richtung es geht. Nun beginnen Sie, Farbe aufzutragen – das eigentliche Malen beginnt. Ihr Bild wird immer bunter, sie füllen die weißen Flächen, bis diese immer mehr verschwinden und nur noch kräftige, deckende Farbe zu sehen ist. Schließlich verfeinern Sie, verstärken dort und ändern da noch einmal, geben dem Ganzen den letzten Schliff – fertig ist Ihr Lebens-Kunstwerk!

»Die Ereignisse in unserem Leben passieren in einer zeitlichen Abfolge, aber in ihrer Bedeutung für uns finden sie ihre eigene Ordnung.«
(Eudora Welty, amerikanische Autorin)

Inhaltliche Gliederungsmöglichkeiten

Sie haben bei Ihrer Autobiographie verschiedene Möglichkeiten, inhaltliche Gliederungspunkte zu wählen – meistens ergeben die sich aus der oben beschriebenen Hilfe: Was war in meinem Leben (immer wieder) wichtig, welche Einteilung ließe sich daher vornehmen? Zeit als Strukturmerkmal – also gleichmäßig von der Geburt bis heute – erscheint uns nur deswegen so normal, weil wir unser Leben nun einmal chronologisch wahrnehmen. Andere Strukturmöglichkeiten haben genau das gleiche Gewicht – sie kommen uns vielleicht nur ungewöhnlicher vor. Alles ist erlaubt, was im Leben individuell Sinn macht – passt eines der Beispiele zufällig auf Sie? Wenn nicht, werden Sie die Anregungen vielleicht auf eigene Ideen bringen:

o Person(en)

o Wohnorte

o Essen und Trinken (Nicht nur für Köche oder Gourmets! Schreiben Sie doch Ihre Geschichte anhand Ihrer Lieblingsessen ...)

o Familie(nfeste)

o Hobbys und Sport (Eine Seminar-Teilnehmerin schreibt eine Marathon-Autobiographie – Joschka Fischers Buch *Mein langer Lauf zu mir selbst* ist ein prominentes Beispiel)

o Spielzeug

o Reisen / Reiseziele / Urlaube

o Kindheit / Schulzeit / Jugend
(Sie können in Ihrer Autobiographie ausschließlich über Ihre Kindheit und Jugend berichten. Es gibt berühmte Vorbilder, die alle im Rückblick nach den Jugendjahren mit ihrer Autobiographie aufhören: Johann Wolfgang von Goethe, Theodor Fontane oder Walter Benjamin.)

o Kriegszeit

o Beruf

o Gefühle

o Jahreszeiten

o Elemente (Erde, Feuer, Wasser, Luft)

o Fotos
(Schreiben Sie Ihre Geschichte anhand von einzelnen einzelnen Aufnahmen!)

o Haustiere

Betrachten Sie Ihre Biographie immer als einen Ort des Erzählens: Sie berichten genau so, wie es Ihnen am besten gefällt. Sie sind die entscheidende Instanz, Sie bestimmen, ob und wie etwas gemacht wird. (Wenn Sie dabei dieses Buch als Anregung und Hilfe nehmen, habe ich gute Arbeit geleistet ...)

Die Übergänge   Fragen Sie sich dabei immer: Würde ich alles verstehen, wenn ich mir selbst zuhören würde – ohne mich zu kennen? Das ist zugegebenermaßen nicht die einfachste

Übung, aber auch nicht die schwerste – zur Not haben Sie
ja immer noch andere, die Ihnen behilflich sein können,
indem sie ihre Meinung kundtun. Wenn nun der Über-
gang von einem zum anderen Kapitel nicht klar ist, dann
machen Sie ihn klar: Lassen Sie uns an Ihren Gedan-
kengängen teilhaben, damit auch wir sie verstehen. Sollte
die eine Geschichte von Erdbeerpflücken handeln und die
folgende von Ihrem Vater, dann erklären Sie uns einfach
am Anfang des Vater-Kapitels, wie Sie dorthin gelangt sind.

Sie können diese kommentierenden Passagen auch als
eigenständiges Zwischenkapitel gestalten, indem Sie das
Thema ein bisschen weiter ausführen. Eine weitere Mög-
lichkeit, den Übergängen Form zu geben: Greifen Sie die
Stimmungen auf und verdeutlichen Sie sie – fügen Sie
zum Beispiel kurze, vom jeweiligen Inhalt inspirierte
Gedichte nach jedem Kapitel ein, oder kleinere Prosa-
Miniaturen, etwa Beschreibungen von bestimmten
Gegenständen, Menschen oder Gefühlen. Lassen Sie
Ihrer Phantasie und Ihrem Gestaltungsdrang freien Lauf
– es ist IHRE Biographie!

Wenn Sie Ihren (inhaltlichen) Aufbau kennen, stellt sich   *Überschriften*
die Frage der sinnvollen Einteilung und Benennung. Auch
hier haben Sie völlig freie Hand – das fängt damit an, dass
Sie gar keine Überschriften wählen müssen. Wenn Sie sich
dafür entscheiden, sollten sie aber zumindest mit dem
Inhalt korrespondieren oder darauf hindeuten. Wenn die
Überschrift »Unser Kater Mops« heißt, dann sollte das
Tier geschickter Weise nicht erst in der vorletzten Zeile
einer achtseitigen Geschichte auftauchen ...

Die Überschrift kann dabei dem jeweiligen Schwerpunkt
entsprechen, Sie können zu jedem Kapitel aber auch ein
passendes Motto, ein Sprichwort oder eine Redensart
wählen. Oder lieber Zahlen? Sogar ein kurzes Gedicht ist
möglich – ein Teilnehmer meiner Schreibkurse stellte zu
den jeweiligen Themen passende Liedanfänge vor seine
Geschichten. Noch einmal: Es gibt auch hierbei kein

»richtig« oder »falsch«. Überschriften ersetzen manchmal sogar die Notwendigkeit, Übergänge zwischen den Kapiteln zu schaffen: Sie zeigen in diesem Fall an, dass wir mit Ihnen einfach in die neue Szene »hineinspringen«, dass es also keiner ausdrücklich formulierten Erklärungen bedarf.

Zu den Überschriften können Sie einen kurzen, zusammenfassenden Text stellen, auch in Stichworten – als Hinweis, worum es in dieser Geschichte gehen wird. Richtig gemacht kann das ein echter Appetitanreger sein:

Meine Kindheit in Hamburg
Brandbomben, Schulstreiche und der erste Kuss

Möchten Sie da nicht auch mehr erfahren? »Unterschriften« können natürlich auch symbolisch, bildhaft oder mit Hilfe einer Metapher oder eines Zitates gestaltet werden (schauen Sie einfach mal an den Anfang dieses Kapitels).

Ein Vorwort? Das Vorwort bietet Ihnen die Möglichkeit, vor dem eigentlichen Beginn Ihrer Autobiographie Dinge zu äußern, die für Sie wichtig sind. Mögliche Aspekte, die Sie dort erwähnen können:

- o Warum haben Sie dieses Buch geschrieben?
- o Was war (und ist) Ihnen dabei besonders wichtig? Was möchten Sie damit zeigen?
- o Für wen haben Sie es geschrieben?
- o Welches Thema, welche Zeitspanne stellen Sie dar?
- o Worauf beruhen Ihre Erinnerungen, welche Hilfsmittel standen Ihnen zur Verfügung?
- o Welche Wünsche, Hoffnungen oder auch Ängste verbinden sich für Sie mit Ihrem Buch?

Sie nehmen Ihre Leser damit gleich an die Hand und führen sie auf Ihren Weg – sie wissen also, worauf sie sich beim Lesen einlassen und können sich von Anfang an darauf einstellen. Wenn Sie zum Beispiel einige Teile nicht lückenlos erinnern oder recherchieren konnten – dann geben Sie es gleich zu! Auf diese Weise nehmen Sie sich selbst Druck und erscheinen anderen ehrlich und glaubwürdig. Das ist viel besser, als wenn einige Leser mitten im Buch merken, dass etwas »nicht stimmt«. Beispiele für Vorworte finden Sie im Kapitel »Formen biographischen Schreibens«.

Szenische Einstiege in Ihren Text machen sich immer gut. Wenn Sie ein Kapitel auswählen, das an erster Stelle in Ihrem Buch stehen soll, dann nehmen Sie möglichst eins mit einem kräftigen, bildhaften Beginn. Lassen Sie etwas passieren! Wenn Ihr erstes Kapitel eher langsam anfängt, dann stellen Sie es vielleicht um: Ziehen Sie ein Ereignis vor, das später im Text auftaucht, und fahren Sie dann mit der ursprünglichen Reihenfolge fort. Sie »packen« auf diese Weise Ihre Leser von Anfang an. Ähnlich wie bei den Überschriften und dem Titel (s.u.) ist es sehr wichtig, dass Sie von Beginn an Spannung, Interesse erzeugen. Die Tatsache, dass oft der erste Eindruck entscheidet, ist auch beim Schreiben von Autobiographien nicht ganz unwichtig ...

Der Einstieg

Willy Brandt beginnt seine Memoiren mit einem »starken« Einstieg:

»13. Juli 1961: Es war zwischen vier und fünf Uhr in der Frühe, der Wahl-Sonderzug aus Nürnberg hatte gerade Hannover erreicht, als ich geweckt wurde. Ein Bahnbeamter übergab eine dringende Mitteilung aus Berlin. Absender: Heinrich Albertz, Chef der Senatskanzlei. Inhalt: Der Osten schließe die Sektorengrenze. Ich möge umgehend nach Berlin zurückkehren.«
(Willy Brandt: *Erinnerungen.* Ullstein 1994, S. 9.)

Irgendwann entsteht dann die Frage, wie Sie Ihre Aufzeichnungen nennen. Sie können natürlich einen einfachen, beschreibenden Titel wählen wie »Mein Leben« oder »Meine Erinnerungen«. Trauen Sie sich aber ruhig zu,

Der Titel

etwas kreativer zu werden: Gibt es einen Satz, der Ihr ganzes Leben auf einen Punkt bringt? Der eine besondere Bedeutung für Sie hat? Oder der den Schwerpunkt Ihrer Biographie kurz und treffend zusammenfasst? Dann wählen Sie ihn. Der Titel macht (wie später auch die Überschriften) bereits Lust auf mehr! Gestalten Sie ihn so, dass er Neugierde weckt. Denken Sie an Ihr eigenes Suchverhalten in Buchläden: Wenn Sie ein Regal oder einen Tisch mit Büchern durchsuchen, greifen Sie in der Regel zu den Werken, deren Titel Sie (neben dem Coverbild) besonders ansprechen.

Einige Beispiele von Interesse weckenden Autobiographietiteln:

o Ich hatte einst ein schönes Vaterland
o Ich bin keine Bodentür! Anekdotisches aus der Musiktheaterwelt
o Nicht ohne Liebe
o Hitlers unwilliger Soldat
o Mit dem Fußball um die Welt

Gute Zeilen, schlechte Zeilen

Dass die Wahl der Überschrift nicht immer ganz einfach ist und manchmal zu unerwarteten Schwierigkeiten führen kann, zeigt ein prominentes Beispiel: Die Hollywood-Schauspielerin Goldie Hawn wurde von ihren Verlegern überzeugt, dass »Lotus im Schlamm« eher kein geeigneter Titel für ihre Memoiren sei ... Sie wollte ihnen diesen mystischen Titel geben, weil er ihr spirituelles Interesse und ihre Hingabe zum Buddhismus widerspiegele. Da sich die Verleger sicher waren, dass sich das Buch so nicht verkaufen würde, nannte sie es schließlich »Higher Up Near Heaven« – nach dem alten indianischen Name von Goldies Heimatstadt Takoma Park in Maryland.

Um einen exzellenten Überblick über Ihre bereits geschriebenen Geschichten zu erhalten – und natürlich auch über die Struktur -, benutzen Sie am besten Karteikarten. Kaufen oder basteln Sie sich welche, möglichst in Postkartengröße. Schreiben Sie oben auf jede Karte eine Überschrift – diese sollte mit dem Inhalt Ihrer Kapitel, die Sie schreiben oder bereits geschrieben haben, übereinstimmen. Notieren Sie darunter in Stichworten, worum es in der Geschichte oder in dem Kapitel geht. Es reicht, wenn Sie selbst wissen, was Sie meinen – die Karten sind »nur« ein Arbeitshilfsmittel. Ordnen Sie nun die Karten entsprechend der Reihenfolge Ihrer Autobiographie-Kapitel.

Das Karteikartensystem

Der große Vorteil dieses Systems: Sie haben alles auf einen Blick, anders als im Computer, wo Sie immer nur eine Seite zur Zeit lesen können (bei der Ansicht mehrerer Seiten auf dem Bildschirm kann man leider gar nichts mehr erkennen). Die Karteikarten sind auch besser als Ausdrucke oder handgeschriebene Originalseiten, da ein Hin- und Hersortieren einfach umständlich ist.

Breiten Sie die Karten von Zeit zu Zeit vollständig vor sich aus – es ist wichtig, dass Sie den Überblick behalten. Und spielen Sie dann auch einfach mal mit Ihrer Struktur! Auf diese Weise entsteht oder verändert sich der Ablauf Ihrer Autobiographie vor Ihren Augen. Tauschen Sie die Kapitel untereinander, so lange es nötig ist, und schauen Sie, wie sich dadurch eventuell der Gesamteindruck, der Ablauf, vielleicht sogar die Schwerpunkte, verändern. Sie können die Karten auch mit Tesafilm vorsichtig an der Wand oder am Kleiderschrank befestigen – wichtig ist, dass Sie wissen, wie Ihre Geschichte abläuft!

Aus den Karteikarten-Überschriften ergeben sich übrigens manchmal auch schon die Überschriften für Ihre Autobiographie – hin und wieder machen Sie sich nämlich bei der Zusammenfassung der Geschichten vielleicht das erste Mal Gedanken darüber, was genau eigentlich der Inhalt des jeweiligen Kapitels ist ...

**Tipp:
Entspannte
Geduld**

Machen Sie sich nicht zu viele Gedanken um die Form. Die richtige Länge und Struktur der Geschichten wird zu Ihnen kommen, ganz von selbst. Sie werden sehr genau merken, welche Elemente passen und welche nicht. Legen Sie fröhlich los!

Aufbau- und Strukturhilfe

Eine Methode, mit der Sie unkompliziert und einfach Ihre persönliche Struktur finden können, lernen Sie jetzt kennen. Sie eignet sich vor allem dann, wenn Sie noch überhaupt keine Ahnung zu haben meinen, wie Ihre Biographie aussehen könnte. Wenn Sie schon an eine bestimmte Einteilung denken, schon Ihre Lebens-Themen geortet haben, dann kann sie Ihnen auch auf andere Weise helfen – durch sie werden oft neue Sichtweisen möglich, Sie entdecken vielleicht neue Dinge oder Perspektiven. Lassen Sie sich inneren Raum für Überraschungen, bleiben Sie offen, dass sich die geplante Reihenfolge auch noch ändern kann, dass sich andere (sinnvollere) Schwerpunkte zeigen.

1. Schreiben Sie eine in sich abgeschlossene, kurze Geschichte auf (1-5 Seiten), die sofort »da« ist. (Die »Videoübung« im Kapitel »Hilfsmittel« kann dabei hilfreich sein.) Überlegen Sie nicht lange – schreiben Sie auf, was Ihnen spontan einfällt, welche Geschichte sofort in Ihrem Kopf ist.

2. Verfassen Sie eine zweite, eine dritte, eine vierte Geschichte auf diese Art. Legen Sie sie beiseite, auch ohne oder nur mit einer kurzen und knappen Überarbeitung; am besten in eine Mappe, in der Sie nun alle auf diese Weise entstandenen Geschichten aufbewahren. Wenn Sie einen Computer benutzen, speichern Sie sie in einem eigenen Ordner ab. Und schreiben Sie die nächste.

3. Wenn sechs bis zehn Geschichten auf diese Weise entstanden sind, nehmen Sie sie alle wieder hervor und schauen sie nach Gemeinsamkeiten durch. Sie werden höchstwahrscheinlich feststellen, dass in vier von sieben oder fünf von acht Geschichten ein gemeinsames Thema (hier zum Beispiel Thema »B«) zu finden ist: Eine Person, die immer wieder auftaucht, ein Ort, gleiche Umstände – schon mal ein gutes Zeichen, dass dieses Thema wirklich eins Ihrer Lebens-Themen ist!

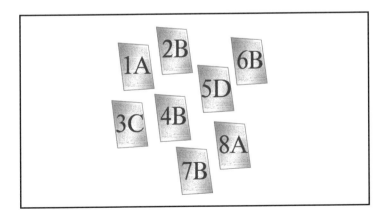

4. Schauen Sie bei diesen thematisch verbundenen Geschichten, ob sich eine einfache, sinnvolle Reihenfolge
herstellen lässt (zum Beispiel Zeit) und ordnen Sie sie entsprechend an – entweder im Computer oder in der Mappe
oder auf Karteikarten (zum Karteikarten-System finden
Sie weiter unten in diesem Kapitel ausführlichere Hinweise).

5. Wenden Sie sich nun wieder den einzelnen Geschichten
zu: Welche »angrenzende« Geschichte fällt Ihnen zur
ersten ein? Schreiben Sie sie. Welche noch? Bleiben Sie
eine Zeitlang bei dieser ersten Geschichte und ergänzen
Sie so lange passende Geschichten, bis Sie das Gefühl
haben, dass alles erzählt ist.

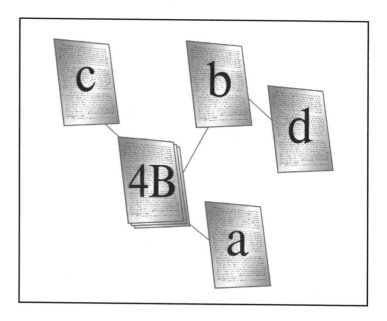

6. Sortieren Sie diese »Untergeschichten« um die Aus-
gangsgeschichte herum, schaffen Sie Übergänge, verbinden Sie alle miteinander.

7. Wiederholen Sie die Schritte 5 und 6 für die weiteren
Ausgangsgeschichten. Sie werden sehen: Sie kommen auf
diese Weise vom Allgemeinen in immer detailliertere
Bereiche.

8. Nehmen Sie am Ende alle Geschichtenblöcke und
schauen Sie auch hier, wie sich die Übergänge miteinander
verknüpfen lassen.

9. Entwerfen Sie schließlich einen Haupt-Anfang und ein
Haupt-Ende – schon ist ein erster Themen-Strang fertig.

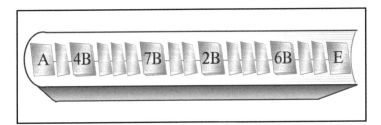

Kehren Sie zu Punkt 1 zurück und wiederholen sie diesen Ablauf – so kommen Sie automatisch vom Naheliegenden in immer tiefere Schichten. Es kann natürlich rein theoretisch auch sein, dass ein einziges Thema bereits Ihre Biographie ausmacht. Auf diese Weise ergeben sich drei, vier, fünf »fertige« Stränge, die Sie dann wiederum miteinander verknüpfen können: Fügen Sie sie ineinander ein, trennen Sie, setzen Sie neu zusammen, wenn es passt – schon ist nicht nur Ihre Grundstruktur fertig, sondern oft die Biographie selbst.

Dichtung und Wahrheit:
Was »darf« ich schreiben?
Von Bauchgefühlen und
Verstandesentscheidungen

Oft taucht in meinen Schreibseminaren ein wichtiges Thema auf: Kann man einfach alles so aufschreiben, wie man möchte? Muss man nicht Rücksicht auf andere nehmen? »Darf« man alles so schreiben, wie es einem richtig erscheint? Die Teilnehmer berichten, dass diese Fragen beim Schreiben oft zu einem Stocken, einer Unterbrechung führt. Gedanken und Fragen schießen durch den Kopf:

o *»Wenn ich dieses Thema anschneide, wenn ich von diesem Ereignis berichte, dann wird sich garantiert X oder Y auf den Schlips getreten fühlen.«*
o *»Ich kann das meinem Bruder nicht antun, darüber zu schreiben.«*
o *»Meine Bekannte sieht das aber ganz anders als ich.«*

Vorweg: Es gibt beim autobiographischen Schreiben keine Objektivität. Alles, was Sie erzählen, ist ganz natürlich subjektiv eingefärbt, nachempfunden, durch zeitlichen Abstand verändert (neutral gesprochen) bzw. gefärbt (wertend gesprochen). Das heißt: Es ist Ihre ganz persönliche Sicht der Dinge. Machen Sie sich das während des Schreibens immer wieder klar! Niemand, auch Sie nicht, kann eine 100-prozentige, wahrheitsgetreue Abbildung des eigenen Lebens liefern – das schließt sich von selbst aus, da wir ja alle unser Leben »durch uns selbst hindurch« betrachten.

Das Leben durch Ihre Augen

Schon Christa Wolf, die sich viel und intensiv mit autobiographischem Schreiben auseinadergesetzt hat, sprach im Hinblick auf die Erinnerungsschwierigkeiten von »subjektiver Authentizität« als einziger Darstellungsmöglichkeit: Nur die persönliche Wahrheit gilt.

Sie sollten allerdings berücksichtigen und versuchen, bei Ihrem Schreiben SO NAHE WIE MÖGLICH an die gelebte Realität heranzukommen. Denn es ist und bleibt schließlich IHRE Geschichte, die Sie mit IHRER Sprache und IHREN Erinnerungs-Bildern darstellen sollen.

Nun tauchen beim autobiographischen Schreiben eben durch diese »erlaubte« und auch wünschenswerte Subjektivität immer wieder Stellen auf, an denen es nicht mehr nur um die eigene Geschichte, das eigene Leben und die eigenen Gefühle geht – sondern auch um die anderer. Und genau diese Gefühle, Meinungen und Ansichten anderer können Ihren frontal gegenüber stehen. Was können – und was dürfen Sie in solchen Situationen tun?

Die Frage der Öffentlichkeit

Wichtig sind zunächst einmal Sie. Das heißt: Sie sollten alles herausschreiben, was Sie auf der Seele, im Kopf und im Bauch mit sich herumtragen. Nur für Sie selbst, für niemanden sonst. Zunächst. Das bedeutet logischerweise aber auch, dass Sie sämtliche unangenehmen, unter Umständen Bauchschmerzen hervorrufenden Situationen ebenso einschließen. Alles zusammen landet auf dem Papier – und dann direkt in der Schublade. Niemand wird diese Version zu Gesicht bekommen, wenn Sie es nicht wollen. Sie können also alles schreiben, was Sie persönlich schreiben möchten. Das reinigt, das klärt, da können Sie Dampf ablassen. (Über die Bedeutung des »Herausschreibens«, über die ich ja auch schon am Anfang dieses Buches gesprochen habe, finden Sie mehr in dem Kapitel »Der Schmerz der Erinnerungen«.)

Aber Vorsicht! Sobald auch nur eine weitere Person diese Schubladen-Texte liest, entsteht »Öffentlichkeit« – und sei es »nur« die beste Freundin, der Ehemann oder die Mutter (bei allen drei Beispielpersonen kann es unter Umständen sogar besonders riskant sein, die Texte zu zeigen ...). Und sofort gelten die eben gesagten Dinge nicht mehr. Denn nun müssen Sie weitere, entscheidende Überlegungen anstellen – wie (weit) gehen Sie am besten vor? Zur Beantwortung dieser Fragen zunächst einmal zwei Grundregeln.

Da es sich um IHRE Geschichte handelt, dürfen und sollen Sie auch entsprechend formulieren. Das betrifft meistens jene Ereignisse, die Emotionen hervorgerufen haben oder immer noch hervorrufen. Begeben Sie sich auf die sichere Seite – und machen Sie bei solchen Themen immer deutlich, dass Sie sich Ihrer Subjektivität bewusst sind. Schreiben Sie auch eine entsprechend formulierte Satz-Einleitung:

Verdeutlichen Sie Ihre eigene Sichtweise

   o *»In meinen Augen waren wir damals ...«*
   o *»Ich empfand jene Situation so, dass ...«*
   o *»Meiner Ansicht nach war es von meinem Bruder nicht richtig, dass ...«*

Sie umgehen so eventuelle Streitigkeiten. Sie haben das Recht auf Ihre Meinung und Ihre Sichtweise der Dinge – die anderen aber auch. Denken Sie daran: Es gibt immer verschiedene Blickwinkel für ein und dieselbe Sache, für jeden stellt sich die Erinnerung anders dar. Wenn zwei Personen das gleiche Bild betrachten, steigen auch zwei unterschiedliche Erinnerungen empor. Wählen Sie daher die dargestellten Formen und belegen Sie Ihre Erinnerung am besten zusätzlich mit ein paar gesicherten Fakten, so weit sie vorhanden sind: Eine sachliche Beschreibung der Gegebenheiten macht oft eine persönliche Stellungnahme überflüssig.

Geben Sie keine Phantasie-Gebilde für Realität aus, verändern Sie nicht Ihre Vergangenheit. Bleiben Sie bei der Wahrheit! Sie wollen Ihr Leben erzählen – dann machen Sie das auch. Es gibt für Sie keinen Grund, die Unwahrheit zu berichten. Machen Sie aber deutlich, dass es sich

Verfälschen Sie keine Fakten

bei Ihren Erinnerungen manchmal lediglich um Ihre eigene Vorstellung handelt – immer dann nämlich, wenn Ihnen Details einfach nicht mehr einfallen wollen, trotz aller möglichen Hilfsmittel. Das ist überhaupt nicht schlimm, sondern ganz normal – jede/r Leser/in wird das verstehen und sogar schätzen, da es ein Zeichen von Offenheit und Authentizität ist.

Formulieren Sie entsprechend Ihre Satzanfänge:

> o *»Ich vermute, dass ich damals ...«*
> o *»Ich meine mich zu erinnern, dass ich ...«*
> o *»Meine Gefühle / Die Farbe der Bluse / Der Monat war/en wohl ...«*

Eine weitere Möglichkeit ist es, in solchen Fällen einfach noch einmal sehr genau hinzufühlen: Versetzen Sie sich noch einmal besonders intensiv in die längst vergangene Situation (was Sie ja sowieso mit allen Erinnerungen machen sollten), durchleben Sie sie noch einmal und schreiben Sie dann das auf, was Ihnen am wahrscheinlichsten erscheint. Kleine Unrichtigkeiten sind in diesem Fall in Ordnung. Eine Bedingung gibt es aber: Es sollte nichts sein, woran sich entscheidende Dinge festmachen. Ein Beispiel: Es wird für die Geschichte wahrscheinlich egal sein, ob Sie Äpfel oder Birnen geklaut haben. Aber es wird gar nicht egal sein, ob SIE geklaut haben – oder Ihr Bruder ...

Im Zweifelsfall – oder wenn Sie sich mit der getroffenen Darstellungsweise trotz Toleranz nicht wohl fühlen – lassen Sie die Stelle einfach weg. Vielleicht können Sie das zu schildernde Gefühl oder Erlebnis an einer anderen Erinnerung deutlich machen.

Unlösbare Konflikte Es kann trotz aller Vorsicht immer die Situation entstehen, dass sich zwei oder mehrere auf den ersten Blick unversöhnliche Meinungen gegenüber stehen. Sie werden dann abwägen müssen zwischen der Möglichkeit, (endlich einmal) den Mund aufzumachen, bei der eigenen Wahrheit zu sein und zu bleiben – und der Verantwortung anderer Menschen gegenüber, da wir nun mal in die Gesellschaft eingebunden sind und nicht in einem luftleeren Raum schweben.

Eine alte Regel besagt: Immer erst über alles eine Nacht schlafen. Das heißt konkret: Lassen Sie sich und Ihren Gefühlen Zeit – manches beruhigt und klärt sich von selbst, sobald es erst einmal »raus ist«, bei einigen Dingen erkennen Sie so Lösungen und Auswege, die unabhängig von einer Öffentlichkeit funktionieren.

Mildern Sie ab

Vielleicht kommen Sie beim Schreiben aber an einen Punkt, an dem Sie zwar die Konsequenzen einer Veröffentlichung sehr genau zu erahnen meinen: Streit, Ärger, Zorn – an dem Sie aber sehr deutlich spüren, dass es für Sie trotz dieser möglichen Reaktionen aus bestimmten Gründen (lebens-)wichtig ist, Dinge an- und auszusprechen.

Was können Sie tun? Als Antwort bleibt Ihnen eine entscheidende Möglichkeit: Sie müssen sich nicht verbiegen, sondern Sie können die Wahrheit in Teilen erzählen. Vielleicht hilft es Ihnen ja schon, nicht alles in Einzelheiten zu beschreiben, den Konflikt nicht in vollem Umfang zu thematisieren. Sie können das aus Ihrer Sicht Geschehene auch sprachlich abmildern, indem Sie zum Beispiel in Andeutungen schreiben.

Die Rechtslage

Vermeiden Sie auf jeden Fall rechtliche Verstöße – also Dinge, die andere in ihrem Persönlichkeitsrecht verletzen. Dazu gehören zum Beispiel Verleumdung, üble Nachrede oder Beleidigung. Das kann Folgen haben, die bis zu Prozessen führen, lassen Sie es nicht so weit kommen. Ein wichtiger Schritt ist es, zwischen »Privatdruck« und »Veröffentlichung« zu unterscheiden: Ein Privatdruck ohne ISBN (also ohne Buchregistrierungsnummer), der nicht käuflich zu erwerben ist, gilt als rechtlich unbedenklich. Wenn Sie »Enthüllungen« planen, die im Buchladen zu erhalten sein sollen und die eventuell sogar den beruflichen, öffentlichen und institutionellen Bereich betreffen, dann sollten Sie sich zur Sicherheit Rat von juristischen Experten einholen.

Generell gilt: Seien Sie einfühlsam und lassen Sie einfach Ihrem gesunden Menschenverstand den Vortritt, dann kann eigentlich nichts passieren.

Kommunikation Eine letzte Möglichkeit der Klärung ist sehr lohnend, aus verschiedenen Gründen oft aber schwierig, wenn nicht unmöglich: Sprechen Sie mit der/n betreffende(n) Person(en). Fragen Sie, ob sie mit der Veröffentlichung in der von Ihnen gewählten Form, in dem von Ihnen gewählten Umfang einverstanden ist/sind, geben Sie ihr/ihnen Ihre Textpassagen zu lesen. Manchmal führt bereits das zu einer Annäherung. Natürlich können Sie auch eine klare Zurückweisung erleben – aber dann können Sie sich sagen, dass Sie es wenigstens versucht haben.

Ihre Haltung Zeigen Sie durch Ihr Schreiben, dass Sie von einem sicheren
ist entscheidend Standpunkt aus zurückschauen. Vertreten Sie ihn deutlich, vermitteln Sie eigene Werte (das ist etwas völlig anderes als werten!) – und lassen Sie dann andere selbst entscheiden, wie deren Meinung dazu ist. Lassen Sie Ihre Wut, Ihren Schmerz, Ihren Ärger heraus, aber machen Sie mit jedem Wort deutlich: Das ist MEINE Wut, das ist MEIN Schmerz, das ist MEIN Ärger – das bin ich und so stehe ich hier.

Ehrliches, authentisches Schreiben bewirkt auf diese Weise noch etwas anderes Wichtiges: Sie schaffen nicht nur Brücken zu sich selbst, zum eigenen Verstehen, sondern auch zu anderen. Sie erschreiben sich und Ihr Wesen – und zeigen es: Das ist ein höchst kommunikativer, offener Ansatz, der den anderen Raum für Antworten und Reaktionen lässt.

Im besten Fall können sich sogar zwischenmenschliche Knoten und Blockaden lösen – nicht selten konnte über die autobiographische Arbeit eine lang verschüttete Beziehung wieder aufgenommen werden, an einen verlorenen Gesprächsfaden wieder angeknüpft werden. Riskieren Sie es – das ist der Versuch auf jeden Fall wert.

Und immer dran denken, dass niemand – auch Sie nicht – unfehlbar ist. Aber das hat ja auch seine Vorteile, wie der deutsche Dichter und Dramatiker Friedrich Hebbel schon 1836 bemerkte:

»Ich halte es für die größte Pflicht eines Menschen, der überhaupt schreibt, dass er Materialien zu seiner Biographie liefere. Hat er keine geistigen Entdeckungen gemacht und keine fremden Länder erobert, so hat er doch gewiß auf mannigfache Weise geirrt und seine Irrtümer sind der Menschheit ebenso wichtig, wie des größten Mannes Wahrheiten.«

Kinderstreiche und Erwachsenen-Entscheidungen

Ich hätte es selbst nicht gedacht, aber die Erfahrung aus meinen Schreibseminaren zeigt, dass Kinderstreiche sehr wohl ein wichtiges Thema sind – und die Frage, ob es peinlich oder sonst wie »verkehrt« ist, sie rückblickend zu »gestehen«. Meine eindeutige Antwort: Nein! Oder andersherum: NATÜRLICH dürfen Sie all Ihre kleinen Streiche aufschreiben, wenn Sie es wünschen. Auch (oder gerade?) wenn sie Ihnen heute als »Erwachsener« ehrenrührig vorkommen sollten.

Vergessen Sie nicht: Kinderstreiche sind Kinderstreiche! Wir alle haben sie gemacht – das ist ganz normal. Wir sind nicht schlechter als andere, nur weil wir im Süßigkeitenladen an der Ecke einen Lolli geklaut haben. Das haben andere nämlich auch gemacht. Und wenn nicht das, dann haben sie den Nachbarn Klingelstreiche gespielt oder dem Lehrer Knallerbsen unter das Pult gelegt – oder, oder, oder ...

Also raus damit! Das verleiht Ihrer Biographie eine zusätzliche, wunderbar menschliche Note. Beschreiben Sie die Szene zunächst direkt (und lassen Sie sie so für sich sprechen), und ergänzen Sie dann aus der Rückschau des Erwachsenen die Beurteilung – aber nicht die VERurteilung! Autobiographisches Schreiben ist eine wertvolle und einfache Hilfe, um mit der Lebensübersicht des älteren Menschen die Dinge der Vergangenheit noch einmal anzuschauen und neu zu bewerten – gleichzeitig aber zu akzeptieren, dass sie so waren, wie sie waren.

Ich erwähne die Frage der Kinderstreiche noch aus einem weiteren, sehr wichtigen Grund – denn sie lässt sich natürlich von der Aussage her auch auf andere Ebenen beziehen, die weitreichenderes Gewicht haben. Es geht um das Thema Entscheidungen: Eine Entscheidung sollte im Nachhinein immer unter den Bedingungen bewertet werden, unter denen sie getroffen wurde – oder manchmal einfach auch nur alternativlos getroffen werden konnte. Später, aus heutiger Sicht, kann man natürlich zu einer anderen Bewertung kommen, dass zum Beispiel ein bestimmtes Handeln Unrecht war oder dass man sich anders hätte verhalten müssen. Das Geschehene hatte aber selbstverständlich auch seine Berechtigung – wenn es nicht schon damals gegen geltendes Recht verstoßen oder bewusst andere Menschen verletzt hat.

Eine kritische Auseinandersetzung mit sich selbst – sei es auf persönlicher, gesellschaftlicher, religiöser oder politischer Ebene – ist eine große Gabe. Machen Sie sich bewusst, was Sie falsch gemacht haben, aber auch, was Sie eventuell in der Rückschau verklären oder als zu schlimm ansehen. Je besser Ihnen das gelingt, je ehrlicher und offener Sie mit sich selbst umgehen, desto authentischer, dichter, lebendiger, interessanter und spannender wird Ihre Autobiographie.

Ihre Vergangenheit lässt sich nicht mehr verändern. Wir alle können aber aus geschehenen Dingen, die wir nachträglich (auch in Teilen) als Fehler erkennen, lernen – und unser Leben in Zukunft danach ausrichten.

13. KAPITEL

Das leere Blatt Papier: Blockaden – und was man dagegen tun kann

»Nicht, weil die Dinge schwierig sind, wagen wir sie nicht, sondern weil wir sie nicht wagen, sind sie schwierig.«
(Seneca, römischer Politiker, Philosoph und Dichter)

Wir alle kennen Momente, in denen das Schreiben einfach nicht gelingen will: Das leere Blatt Papier (oder der leere Computerbildschirm) starrt uns an – das Fleisch mag willig sein, der Geist ist schwach. Manchmal überrascht uns das: Eigentlich hätten doch gerade jetzt die Erinnerungen nur so fließen sollen! Das Umfeld stimmt, die eigene Verfassung auch, wir haben Ruhe, und trotzdem passiert nichts. Manchmal können wir die Ursachen auch ganz genau benennen: persönliche Probleme, Stress, familiäre Verpflichtungen oder Freunde, die uns brauchen. Einiges belastet uns seelisch, anderes bindet einfach Zeit, wir haben nicht den Kopf frei, keine rechte Muße, tausend andere Gedanken wandern durch unser Hirn und Herz.

Seien Sie beruhigt: Kreativität lässt sich nicht erzwingen. Dies ist die allerwichtigste Feststellung, gleich hier am Anfang. Mit anderen Worten: Grämen Sie sich nicht, wenn Sie mal nicht schreiben können, Sie wären eher eine sensationelle Ausnahme, wenn es immer klappen würde. Wenn die Erinnerungen allerdings konstant stocken, wenn einfach keine Buchstaben aus Ihnen heraus wollen, dann gibt es durchaus einige Hilfs-Möglichkeiten – denn Kreativität lässt sich durchaus überreden, zu uns zu kommen. (Wenn Blockaden durch problematische Ereignisse in Ihrem Leben verursacht werden, schauen Sie bitte im Kapitel »Der Schmerz der Erinnerungen« nach.)

Die Sache mit der Muse

Es stimmt tatsächlich, was man sagt: Ein Musenkuss schafft Wunder. Was nicht stimmt: Die Muse ist launisch und küsst nur dann, wann es ihr gefällt – und nicht dem

Schreibenden. Denn viele ahnen nicht, dass die Muse nur darauf wartet, Sie endlich küssen zu dürfen. Auch Sie können ganz einfach in diesen exquisiten Genuss kommen: Schaffen Sie ihr eine Landebahn, laden Sie sie ein, öffnen Sie ihr Türen – die Muse kommt zu Ihnen, aber sie kommt nur, wenn Sie es ihr auch ermöglichen, ihr den Boden bereiten, auf dem ihre Saat aufgehen kann.

Arbeiten Sie regelmäßig

Wenn Sie eine Fremdsprache lernen, wenn Sie ein Musikinstrument üben, dann ist das regelmäßige Üben die wichtigste Voraussetzung für Ihren Fortschritt – und die einfachste. Immer ein bisschen ist besser als einmal sehr viel. Deshalb der erste Tipp: Versuchen Sie, eine ganz persönliche Kontinuität in Ihr Schreiben zu bringen. Mit persönlich meine ich einen Ihren Umständen angepassten Zeiteinsatz. Wenn Sie Zeit haben, dann können Sie vielleicht jeden Tag schreiben – wenn Sie hingegen viel um die Ohren haben, dann sind zwei Schreibsitzungen pro Woche schon sehr gut. Die sollten es aber auch sein. Eine regelmäßige Beschäftigung mit Ihren Erinnerungen und mit dem damit verbundenen Schreiben setzt einen echten »Fluss« in Gang – Sie merken das daran, dass Ihnen plötzlich immer mehr Ideen zufliegen, oft zu ungewohnten Zeiten oder an ungewohnten Orten.

Legen Sie genug Pausen ein

Überfordern Sie sich nicht – manchmal hat eine Blockade genau hier ihren Ursprung. Sie fühlen sich ausgelaugt und müde, Ihr Kopf schmerzt schon bei dem Gedanken ans Schreiben? Dann verschieben Sie es. Das heißt nicht, dass Sie Ihr Schreiben immer verschieben sollen, sobald Sie irgendwie stocken! Sie werden merken, wann es einfache »Unlust« ist – und wann eine tatsächliche Überforderung. Lassen Sie los – ein ganz wichtiger Begriff, denn auch hier würden Selbst-Vorwürfe alles nur noch schlimmer machen. Legen Sie Ihre angefangene Geschichte in die Schublade und gehen Sie spazieren. Sie werden erstaunt sein: Drei Tage später geht's auf einmal wie von alleine weiter – als ob die Geschichte in Ihrer Abwesenheit gewachsen wäre!

Bleiben Sie entspannt und spielerisch

Nehmen Sie sich beim Schreiben immer nur so viel vor, wie Sie realistischerweise schaffen können. Überfordern Sie sich in einer möglichen anfänglichen Begeisterung nicht: Das kann sehr schnell zu Frust und zur (vorzeitigen, ungerechtfertigten) Aufgabe führen. Gehen Sie genug spazieren – das räumt Ihren Kopf auf, macht frei und bringt Sie unter Umständen auf neue, frische Gedanken. Probieren Sie auch einmal andere Künste aus – aber bitte ohne Erfolgsdruck! Sie meinen, dass Sie nicht malen können? Wunderbar! Dann können Sie sich ja ganz entspannt hinsetzen und die Farben nur so nach Ihren eigenen Regeln, Ideen und Vorstellungen fließen lassen. Verrichten Sie alles ohne Absicht, Zweck und Ziel, sondern einfach, um sich zu entspannen und Freude zu empfinden.

Denken Sie an das, was der große Picasso sagte: »Malen ist lediglich eine Form, Tagebuch zu führen.« Wenn Sie mitten in Ihren bunten Bildklecksen sitzen, können Sie also fröhlich ergänzen: »Schreiben ist lediglich eine Form, bunte Bilder zu schaffen!«

Kleine Gescchenke erhalten die Freundschaft

Das gilt auch für Sie und Ihre Biographie-«Arbeit«: Wenn Sie einmal eine ganze Menge hintereinander geschrieben haben, wenn Sie Seiten um Seiten gefüllt haben, dann honorieren Sie das auch entsprechend – belohnen Sie sich! Kaufen Sie sich kleine, schöne Dinge, die Ihr Herz erfreuen, die müssen gar nicht teuer sein. Seien Sie gut und aufmerksam zu sich, verwöhnen Sie sich. Sie wollten lange schon einmal wieder ins Theater oder ins Kino? Sie überlegen, bei Ihrem Lieblingsitaliener zu essen? Tun Sie es – beleben Sie so Ihre Sinne und beugen gleichzeitig einer möglichen, durch ein zu streng gehaltenes Arbeits-Programm hervorgerufenen Schreib-Unlust vor.

Schaffen Sie Freiräume

Um den Kopf freizubekommen, um sich erinnern zu können, müssen Sie auch sonst »frei sein«. Das heißt nicht, dass Sie Ihre Autobiographie nur auf einer einsamen Insel verfassen können – aber Sie sollten sich inmitten Ihres Alltags kleine (Schreib-) Inseln, Frei-Räume schaffen! Lernen Sie eine Kunst, die wir alle mehr oder weniger verlernt haben: Die Kunst der Langsamkeit und der Entschleunigung! Wer durchs Leben hetzt, wird kaum Luft haben, sich an Vergangenes zu erinnern – denn Erinnern erfordert Muße und die Bereitschaft, sich auf alle Möglichkeiten und Ideen, die sich einem nähern, einzulassen. Kümmern Sie sich also um jene Dinge, die Sie vom Schreiben abhalten und sich nicht vermeiden lassen – erledigen Sie anstehende Aufgaben, arbeiten Sie sie weg. Versuchen Sie gar nicht erst, sich zum Schreiben zu zwingen, wenn gleichzeitig tausend andere Dinge in Ihnen herumwirbeln.

Die Macht unserer Gedanken

Manchmal können wir einfach nicht schreiben, weil wir DENKEN, dass wir nicht schreiben können. Und wenn wir das DENKEN, können wir es auch nicht. Das ist ganz klar. Wenn Sie sich abends ins Bett legen, nervös an den kommenden Tag mit seinen Aufgaben denken und ständig wiederholen: »Ich kann nicht einschlafen! Oh weh, ich kann bestimmt nicht einschlafen!« – dann können Sie es auch nicht. Wir haben mit unseren Gedanken und eigenen Vorstellungen über uns und die Welt entscheidenden Anteil daran, ob wir etwas schaffen, was wir schaffen und wie wir es schaffen. Gehen Sie selbstbewusst durchs Leben – auch, was das Schreiben betrifft! Selbst dann, wenn Ihnen die ganze Abteilung »Positives Denken« eher suspekt erscheint, sollten Sie die ihr innewohnende Wahrheit anerkennen: Dass positive Gedanken positive Ereignisse anziehen – aber Gleiches eben auch für Negatives gilt.

Sie selbst werden das kennen: Wenn Sie missmutig durchs Leben schlurfen, dann treffen sie meistens auch genau jene Menschen, die ebenfalls Schultern und Kopf hängen lassen. Wenn Sie hingegen fröhlich sind, begegnen Ihnen auch vermehrt fröhliche Menschen und Ereignisse. Stellen Sie sich das zur Erklärung folgendermaßen vor: Sie senden verschiedene Energien aus – je nachdem, wie Sie sich fühlen. Wenn Sie sauer oder genervt sind, schwingen Ihre Energien ziemlich weit unten. Wenn Sie aus vollem Herzen lachen, verströmen Sie Energiewellen, die ganz schön weit oben herumtanzen. Und wen oder was nehmen Sie ganz einfach wahr? Natürlich jene Energien von Menschen und Ereignissen, die auf der gleichen Ebene schwingen wie Sie selbst.

Hieven Sie Ihre Energien und Schwingungen also möglichst oft auf die höheren Ebenen. Gestatten Sie sich aber auch, einfach mal traurig oder niedergeschlagen zu sein – betrachten Sie diesen Zustand aber als den, der er auch ist: Ein vorübergehender nämlich, wie auch jede große Freude in der Regel irgendwann in ihrer Intensität nachlässt. Im Buddhismus gibt es eine wunderbare Denkrichtung: Schauen Sie sich Ihre Sorgen, Schmerzen und Trauer an, begrüßen Sie sie, betrachten Sie sie – und lassen Sie sie dann weiterziehen. So macht es denen gar keinen Spaß, sich längerfristig bei Ihnen aufzuhalten. Erst, wenn Sie sich auch noch ärgern, dass Sie sich ärgern, machen Sie den Schaden groß, nicht vorher.

Zurück zum Schreiben: Drehen Sie Ihre Gedanken doch einmal um! Anstatt zu sagen:

»Das schaffe ich nie« oder »Ich kann nicht schreiben«, formulieren Sie einmal ganz bewusst, wie PRIMA Sie gerade schreiben können ... als Hilfestellung erinnern Sie sich einfach an vergangene Momente in Ihrem Leben, die Sie nach Zögern, Bremsen, Angsthaben und Zweifeln am Ende doch gemeistert haben – oft sogar mit viel weniger Aufwand als zunächst befürchtet (»Ach, das ging ja viel einfacher, als ich dachte ...«).

Lächeln Sie – und die Welt lächelt zurück.

Schreiben Sie los, ohne zu überlegen, was Sie schreiben. Erlaubt und sogar erwünscht ist alles, was Ihnen gerade in den Sinn kommt, wenn nötig ohne Punkt und Komma. Sie dürfen sogar schreiben: »Mir fällt nichts ein aber ich muss schreiben das finde ich doof aber ich soll ja und für irgendetwas wird es gut sein steht in diesem Autobiographie-Buch na da bin ich ja mal gespannt ...« – übrigens ganz zurecht! Denn nach spätestens drei Seiten fließt das Schreiben, garantiert. Einzige Voraussetzung: Sie dürfen den Stift nicht absetzen. SCHREIBEN Sie! Sie entleeren damit nämlich Ihr Gehirn – all die Dinge, die dort umher schwirren, landen auf dem Papier, und der Kopf ist frei für andere Dinge. Diese Seiten sollen überhaupt nicht gut oder literarisch oder anspruchsvoll sein – ganz im Gegenteil. Sie können launisch, nörgelig, unzufrieden, ängstlich oder pessimistisch sein. Schreiben Sie sich das alles von der Seele, schaffen Sie Platz! Wenn Sie möchten, können Sie das Ganze mit schickem Fachwort auch »Stream of Consciousness« (oder »Bewusstseinsstrom«) nennen – eine der revolutionärsten Schreibstile in der Literaturgeschichte.

Übung 43: Automatisches Schreiben – der Klassiker

Vielleicht hilft Ihnen diese »Umbenennung« ja. Auch hier gilt: Alles (handwerklich-kreative) ist erlaubt, so lange es zum guten Ziel führt ...!

**Übung 44:
Mit den Wölfen
heulen**

Und noch ein Klassiker: Verbalisieren Sie Ihr Problem, machen Sie es zum Thema: Schreiben Sie eine Geschichte darüber, wie sie dasitzen und nicht schreiben können. Was versuchen Sie alles, um Ihre Schreiblust in Gang zu setzen, welche Strategien entwickeln Sie? Übertreiben Sie ruhig!

**Übung 45:
Körper-
reaktionen**

Stichwort Verbalisieren: Beschreiben Sie sich selbst im Moment der Blockade. Notieren Sie sehr genau Ihre Gefühle, Ihre Empfindungen, Ihre körperlichen Reaktionen, Ihre Gedanken. Oft lassen sich über diesen Weg Lösungen finden.

**Übung 46:
Geschichten
»herausfordern«**

Wählen Sie sich einen Gegenstand aus und schauen Sie ihn zehn Minuten lang an. Legen Sie ihn dann zur Seite (am besten aus Ihrem Blickfeld heraus) und beschreiben Sie detailliert, woran Sie sich erinnern (und das wird eine ganze Menge sein – denn zehn Minuten sind erstaunlich lang ...!). Schieben Sie Geschichten, die dadurch eventuell angeregt werden, zunächst zur Seite. Erst, wenn Sie alles notiert haben, dürfen Sie auch andere Dinge schreiben – zum Beispiel Anekdoten, die sich um den Gegenstand ranken und die Ihnen dazu einfallen. (Erinnern Sie sich an Übung 5 mit der Blume!)

**Übung 47:
Leseverbot**

Spielen Sie – und lesen Sie nicht. Dieser Vorschlag ist ernst gemeint. Das heißt nicht, dass

Sie die Lese-Tipps aus dem Kapitel »Orte und Zeiten« über den Haufen werfen sollen – Lesen an sich ist natürlich wichtig. Aber manchmal braucht der Kopf einfach eine Pause, besonders, wenn nichts mehr schreibend geht. Eine lesefreie Zeit, zum Beispiel eine Woche, kann Wunder bewirken. Nehmen Sie sieben Tage (!) nichts in die Hand, auf dem Buchstaben stehen: Lesen Sie keine Bücher, keine Zeitschriften, keine Zeitungen. Ihr innerer Formulierungsdruck wird sich wie von selbst aufbauen, so dass Sie ihn irgendwann ablassen MÜSSEN – setzen Sie sich in diesem Moment hin und SCHREIBEN Sie.

Variante

Eine weniger zeitintensive Variante dieser Übung: Gehen Sie vor dem Schreiben zwei oder drei Stunden alleine im Wald spazieren. Sprechen Sie nicht, nehmen Sie keinen Walkman mit, genießen Sie einfach nur die Ruhe und Abgeschiedenheit der Natur. Danach schreibt es sich gleich viel besser. Wenn Sie diese Zeit auch noch nutzen, um mit offenen Augen durch die Welt zu laufen, zu beobachten und ihre Eindrücke als Anregung für das Schreiben zu nutzen – umso besser! Oder schreiben Sie direkt nach dem Erwachen – vermeiden Sie in allen Fällen jedwede Beschäftigung mit Worten kurz vor dem Schreiben.

14. KAPITEL

Der Schmerz der Erinnerungen – Vom Umgang mit Trauer

*»Die ganze Mannigfaltigkeit, der ganze Reiz und
die ganze Schönheit des Lebens setzt sich aus
Licht und Schatten zusammen.«*
(Leo Tolstoi, russischer Schriftsteller)

Dieses Kapitel ist Momenten des Schreibens gewidmet, die oft unvermittelt auftauchen – daher ist es gut, wenn Sie sich vorher einige Dinge bewusst gemacht haben.

Das Auf und Ab des Lebens

Das Leben besteht bei allen Menschen aus einem Wechsel von »guten« und »schlechten« Momenten, von Freude und Schmerz, von Glück und Traurigkeit. So banal dieser Satz klingt, so richtig und so wichtig ist er. Denn auch die bloße Erinnerung an das Erlebte kann noch Jahre oder sogar Jahrzehnte später nahezu die gleiche Qualität wie das Original besitzen – da sie eben auf der Geistes- und Gefühlsebene eine identische Nachbildung dessen ist, was wir damals direkt erlebt haben. Das bedeutet konkret, dass Erinnerung alle jene Gefühle wieder mit hervor holen kann, die im Moment des ursprünglichen Ereignisses durchlebt worden sind.

Ich wünsche Ihnen, dass Ihr Leben durch unzählige, glückliche Momente geprägt ist, und dass diese Phasen viel länger andauern und angedauert haben, als die dunklen. Beschreiben Sie zunächst einmal diese hellen, leichten Zeiten und fühlen Sie noch einmal, wie wunderbar sie waren. Auf diese Weise finden Sie dann nämlich genug Kraft und Bodenhaftung, um mit den weniger erfreulichen umgehen zu können. Machen Sie sich immer klar, dass auch die Erinnerungen an schwierigere Zeiten auftauchen werden. Und seien Sie gleichzeitig sicher, dass

Ihre Seele und Ihr Körper dann schon für die richtige Unterstützung sorgt – auch, wenn es erst einmal sehr weh tut, das ist ganz normal.

Die menschliche Psyche ist insofern wunderbar eingerichtet, als dass sie uns die schlimmen Dinge des Lebens vergessen, verdrängen, ins so genannte »passive Gedächtnis« abschieben lässt. Das ist grundsätzlich eine lebenswichtige Funktion – wenn es sich allerdings um ein wiederholtes Verdrängen handelt, kann das bekanntermaßen zu schwerwiegenden, seelischen Problemen führen. Autobiographisches Schreiben hilft, dieses Verdrängen zu einem »geklärten Vergessen« zu machen, das nicht länger auf der Seele liegt. Es geht dabei nicht um die vollständige Auslöschung des Erlebten, sondern darum, dass Sie es akzeptieren und mit ihm weiter leben können.

Verdrängung

Machen Sie sich bewusst, dass autobiographisches Schreiben an den tiefsten und verstecktesten Punkten die eigene Seele be- und anrührt – und zwar oft in Momenten, in denen Sie nicht damit rechnen. Tränen beim Erinnern, beim Schreiben oder bei einem anschließenden Vorlesen sind daher nicht »schlimm«, sondern weisen auf einen ganz normalen und sehr gesunden Prozess des Sich-Öffnens, der inneren Bewegung, hin. Lassen Sie Ihre Gefühle zu, akzeptieren Sie sie! Nur so können Sie sich mit Ihnen konstruktiv auseinandersetzen. Nehmen Sie sich dafür Zeit und Ruhe.

»In einer dunklen Zeit beginnt das Auge zu sehen.«
(Theodore Roethke, amerikanischer Autor)

Generell gilt: Schreiben Sie erst einmal alles auf, schreiben Sie sich alles von der Seele. Nur für sich, ohne Zensur. Ein Teil der Last landet buchstäblich auf dem Papier. Was Sie davon anderen zeigen, können Sie später, wenn es an eine Veröffentlichung Ihrer Erinnerungen geht, noch rechtzeitig

Schreibend die Seelenlast verringern

131

genug entscheiden. (Ausführlich spreche ich diesen Aspekt im Kapitel »Dichtung und Wahrheit« an.)

Ruhe und Geduld

Natürlich kann es auch helfen, mit einem anderen Menschen darüber zu sprechen, aber manchmal lassen sich Dinge einfach leichter erzählen, wenn niemand zuhört. Nutzen Sie den intimen Rahmen, wenn Sie Ihr Leben aus der Erinnerung heraus aufschreiben. Achten Sie dabei auf die versteckten, verschwiegenen, bewusst oder unbewusst verdrängten Teile der eigenen Geschichte und reagieren Sie behutsam, wenn sie hervortreten. Manchmal hat es auch gute Gründe, dass Dinge (noch) nicht an die Oberfläche dringen, ans helle Licht der Öffentlichkeit. Drängen Sie sich nicht – Sie werden an sich selbst merken, wenn es so weit ist. Fassen Sie Vertrauen zu sich selbst. Eine Teilnehmerin eines meiner Seminare traute sich nach mehreren »schweigenden« Treffen endlich, das erste Mal einen eigenen Text vorzutragen. Hinterher strahlten die Augen der Zuhörer – und ihre eigenen: Sie hatte es geschafft! So etwas kann in der ersten Sitzung passieren, in der zweiten oder in der zehnten – dann ist dieser Moment ganz besonders bewegend. Wenn Sie selbst einige Zeit brauchen, um Ihre eigene Geschichte vorzutragen, heißt das eben auch nicht, dass es generell nicht geht. Geben Sie sich – und den anderen – einfach diese Zeit!

Ihre Möglichkeiten

Manchmal klappt aber schon das Aufschreiben beim »besten Willen« nicht – Sie fühlen, dass der Schmerz innerlich wächst, die Hand mit dem Stift versagt ihren Dienst. Bleiben Sie ganz ruhig, auch das ist ganz normal. Denken Sie dann an einige Möglichkeiten, die sich in solch einem Fall anbieten. Ich habe in meinen Seminaren die Erfahrung gemacht, dass sie jeweils individuell funktionieren und Sinn machen – das kann von Situation zu Situation oder von Thema zu Thema unterschiedlich sein. Der »richtige« Weg ist eine Sache des Bauchgefühls.

Wenn Erinnerungs-Schmerzen auftauchen, können Sie bewusst in sie »hineingehen« – denn das Thema, das da aufgetaucht ist, tut natürlich aus ganz bestimmten Gründen weh. Lassen Sie nicht locker, bleiben Sie an diesem Punkt dran, vertiefen Sie ihn! Das verstärkt den Schmerz vorübergehend, oft sehr stark – die Überwindung kann dann aber auch zu einer zunächst ungeahnten und unerwarteten Erleichterung und »Reinigung« führen. Das Gleiche gilt für Zornesausbrüche: Unterdrücken Sie sie nicht, schlucken Sie nicht mehr alles – auch das ist sehr wichtig auf dem Weg der Klärung, der Erleichterung.

Weg 1

Seien Sie mit dieser Variante trotzdem vorsichtig – Sie sollten sich insgesamt sicher und gefestigt fühlen, um einen solchen Schritt zu wagen.

Manchmal merken wir, dass uns die emporsteigenden Dinge zum aktuellen Zeitpunkt überfordern würden: seelisch, gefühlsmäßig, vielleicht sogar körperlich. Ein direktes, verstärktes Hineingehen wie eben beschrieben ist dann tatsächlich nicht möglich. Akzeptieren Sie solch einen Moment, allerdings immer in dem Bewusstsein, dass dieses Thema für Sie sehr wichtig bleibt. Seien Sie sanft und tolerant mit sich selbst – Ihr Ziel ist es ja, die Wunde(n) letztendlich zu heilen und nicht zu vergrößern. Gehen Sie also jedes Mal nur bis an die Schmerzgrenze und ziehen Sie sich dann zunächst zurück – aber nur, um einige Zeit später einen neuen Anlauf zu wagen und wieder einen Schritt weiter zu kommen. Das Ganze funktioniert wie bei einer Dehnübung: Wenn Sie noch nie einen Spagat probiert haben, geht das zunächst gar nicht. Mit jedem erneuten Versuch dehnen Sie Ihre Sehnen und Muskeln aber immer ein Stückchen weiter, bis Sie schließlich das Ziel erreicht haben: den Spagat. Oder eben beim erinnernden Schreiben die Überwindung und das Aussprechen von scheinbar unüberwindbaren und unaussprechbaren Punkten. Sie laufen nicht vor irgendetwas weg, sondern gestatten sich für die Lösung der Aufgabe eine angemessenen Zeitraum. Ein anders Bild zur Verdeutlichung: Wenn Sie eine Mineralwasserflasche mit

Weg 2

Kohlensäure schwungvoll öffnen, spritzt sie manchmal wegen des Drucks, der sich im Flascheninneren angestaut hatte. Wenn Sie sie in kleinen Schritten aufdrehen – immer nur so weit, wie es der Druck zulässt, ohne überzulaufen – können Sie schließlich ohne »Unglück« trinken.

Weg 3 Ein weiterer Weg, zunächst einmal eine notwendige Distanz zu halten und trotzdem in die eigene Geschichte einzutauchen, ist eine schrittweise Entfernung von der eigenen Person. Das »Ich« ist naturgemäß immer näher dran an den eigenen Gefühlen als eine Beschreibung in der unpersönlicheren Form eines »er« oder »sie«. Wenn Sie über ein Thema nicht in der »Ich«-Form schreiben können, weil es (noch) zu große Schmerzen verursacht, dann gehen Sie Stück für Stück von sich weg. Verändern Sie zunächst die Perspektive: Schreiben Sie nicht »Ich erlebte das oder das«, sondern »Er (sie) erlebte das oder das«. Setzen Sie für Ihre auf diese Weise entstehende Figur Ihren Namen ein. Wenn auch das nicht möglich ist, verlagern Sie Ihre Geschichte auf eine fiktionale Person: Wenn Sie Hans oder Grete heißen, wählen Sie stattdessen Peter oder Marie. Sie können selbst das Ereignis verändern, das Ihnen weh getan hat (und noch tut), indem Sie einfach ein anderes dafür einsetzen, das auch mit Schmerzen, aber nicht mit Ihren ganz speziellen verbunden ist. Irgendwann werden Sie eine Form gefunden haben, die sie schreibend berichten können. Gehen Sie nun wieder zurück – nähern Sie sich Schritt für Schritt wieder der eigenen Person, bis sie schließlich beim »Ich« landen. Diese Variante stellt sozusagen eine Kette von Brücken zwischen einem Nichtschreiben und der unmittelbaren »Ich«-Form dar.

Eine meiner Kurs-Teilnehmerinnen berichtete, dass sie es nicht schaffen würde, über den Tod ihres geliebten Mannes in der »Ich«-Form zu schreiben. Die 60-jährige Ehe war sehr glücklich gewesen, am Ende hatte sie ihn während seiner zweijährigen Alzheimer-Erkrankung bis zum Ende hingebungsvoll gepflegt. Ihr größter Wunsch war nun, die gemeinsame Zeit aufschreiben zu können –

gleichzeitig stellte es sich aber auch als ihr größtes und scheinbar unüberwindbares Problem heraus: Sie konnte einfach nicht das »Ich« verwenden. Wir besprachen daraufhin gemeinsam, dass sie zunächst in der dritten Person schreiben solle. Die ersten Geschichten – dazu noch mit einem Pseudonym – entstanden über mehrere Wochen. Eines Tages erschien sie freudestrahlend zum Kurs: Sie hatte durch einen Trick zur Ich-Form gefunden. »Ich habe einen Brief an meinen Mann geschrieben – und konnte so zum ersten Mal ‚ich' sagen«, erklärte sie uns glücklich. Der nächste Schritt zur Ich-Biographie war dann einfach. Ihren Text finden Sie im Kapitel »Formen autobiographischen Schreibens« (Nr. 6).

Die Überwindung von schmerzhaften Punkten – selbst das mutige Herangehen – eignet sich also auch hervorragend, um sich über den weiteren (Schreib-)Weg klarer zu werden, um das Vertrauen in sich selbst zu stärken, um Knoten zu lösen. Das gilt übrigens auch für den Umgang mit anderen: Durch unser Erinnern können wir manchmal erst (wieder) auf andere zugehen oder sogar regelrecht »vergessen und vergeben«. Wie bei der Auseinandersetzung mit sich selbst und den eigenen Gespenstern schließt sich der Kreis in so einem Fall: Wenn wir verzeihen, können wir Dinge zu den Akten legen und schleppen sie nicht mehr mit uns herum. Vielleicht wird uns dadurch ja auch selbst das eine oder andere Mal verziehen ...! Vergessen Sie nicht: Meistens sind es gerade die traurigen, schmerzhaften oder ängstlichen Momente, die uns im Leben wachsen lassen – auch, wenn wir es erst hinterher erkennen, manchmal Jahre später. Und noch etwas: Auch sehr glückliche Erinnerungen können die eine oder andere Träne auslösen ...

Gelöste Knoten

»Zwei Variablen scheinen für ein gutes Leben entscheidend. Die eine ist Stabilität. Die andere ist Veränderung. Schreiben sorgt für ein Gefühl für beides.«
(Julia Cameron, amerik. Schriftstellerin)

**Übung 48:
Ein Interview
mit sich
selbst**

Schreiben Sie über ein Thema, das Sie anspricht, auf das Sie Lust haben, zu dem Sie gerne etwas sagen würden. Oder schreiben Sie über Teile Ihres Lebens, über Erinnerungen. Wichtig dabei ist, dass Sie nicht die herkömmliche Form des erzählenden Fließtextes wählen, sondern die Interview-Form: Fragen Sie sich selbst – und antworten Sie sich auch selbst, ohne »fragte sie« oder »antwortete er« zu schreiben. Seien Sie also zugleich »Reporter« und »Befragter« und lassen Sie sich sowohl von den Fragen und Antworten als auch von den nicht gestellten Fragen und den verschwiegenen Antworten überraschen!

**Übung 49:
Perspektiv-
wechsel**

Wählen und beschreiben Sie Momente, als Sie

o sich mit jemandem gestritten haben
o in jemanden richtig verliebt waren
o eine Trennung erleben mussten
o einen nahestehenden Menschen verloren haben
o einen großen Erfolg errungen haben
o eine schwierige Situation überstanden haben
o vor Angst gezittert haben
o die ganze Welt hätten umarmen können

Schreiben Sie dabei die Geschichte zuerst in der 3. Person (»er«/»sie«) und danach, wenn Sie mögen, in der »Ich«-Form. Wie fühlen sich die beiden Versionen jeweils an? Schauen Sie, was sich durch den Wechsel für Sie (und die Geschichte) verändert.

15. KAPITEL

Und jetzt: Ran ans Werk ...
Das Überarbeiten

»Wer begonnen hat, der hat schon halb vollendet.«
(Horaz, römischer Dichter)

Schreiben macht in der Regel sehr viel Spaß – und ich hoffe, dass auch Sie schon viele an- und aufregende, humorvolle, spannende oder erkenntnisreiche Stunden mit Ihrer Biographie zugebracht haben oder noch zubringen werden. Worum Sie jedoch nicht herumkommen werden, ist ein ganz spezieller Fleißteil, um den es in diesem Kapitel geht: Das Korrigieren, Gegenlesen, Verbessern und Abrunden Ihrer Texte. Damit Sie dennoch auch bei dieser Arbeit so viel Spaß wie möglich haben, werde ich es erstens kurz machen (und Sie dann hoffentlich auch) – und Ihnen darüber hinaus zeigen, dass Sie sehr wohl mit Lust an die Sache herangehen können. Immerhin steht am Ende ein großer Erfolg: Ihre Biographie, von der Sie dann mit Recht sagen können, dass sie rundum gelungen ist.

Das beste Lockmittel für diesen Arbeitsabschnitt ist also die Feststellung, dass Ihre Texte durch sinnvolles, strukturiertes Überarbeiten noch einmal enorm an Qualität gewinnen können – das sollte die Mühe auf jeden Fall lohnen. Denken Sie immer daran: Die erste Fassung ist nie diejenige, die ganz am Ende in die fertige »Druckfassung« übergeht. Und trösten Sie sich auch gleich: Das gilt nicht nur für Ihr Schreiben, sondern auch für die Profis – die allerwenigsten »großen« Schriftsteller werfen Ihre Werke in einem einzigen Geniestreich hinaus (ich bezweifle sogar, dass das überhaupt möglich ist). Frühestens die dritte Version sollten Sie stehen lassen – wenn sie Ihnen und anderen wirklich gefällt. Dieser Hinweis müsste eigentlich schon ganz am Anfang dieses Buches stehen – und zwischendrin auch immer wieder, ist er doch für das eigene

Ihr Lohn

Schreiben oft entscheidend: Freuen Sie sich über eine gute Idee, eine wieder aufgetauchte Erinnerung – und schauen Sie nicht zu kritisch auf die erste Umsetzung davon, die dann auf dem Papier oder im Computer landet.

»Tauchen« Sie in Ihren Text ein

Kreativität entsteht unter anderem dadurch, dass man sich mit einer Sache intensiv auseinandersetzt, sich in sie wirklich hinein begibt. Kreativität entsteht nicht, wenn man nach zwei, drei Ansätzen, Gedanken oder Ideen schon wieder aufgibt. Wenn Sie schreiben wollen, dann seien Sie ganz bei der Sache! Nur so kann übrigens auch dieser herrliche Fluss entstehen, wenn die Gedanken(ketten) nur so aus Ihnen heraus auf das Papier strömen – und die Schwierigkeit dann eher darin liegt, so schnell alles mitzuschreiben und festzuhalten.

Theodor Fontane, der übrigens erst in seinen Fünfzigern damit begann, seine berühmt gewordenen Romane zu schreiben, wollte wegen des ihm leidvollen Überarbeitens oft das ganze Schreiben sein lassen. Er ist nur ein Beispiel von vielen – Sie können es sich einfacher machen: Denken Sie immer daran, dass kein großes öffentliches Publikum samt Kritikern auf Sie und Ihr Werk wartet, sondern dass Ihre Geschichte in erster Linie für Sie selbst wichtig ist. Sie können sich voller Freude an die Überarbeitung machen – sehen Sie doch vom ersten Korrigieren an, wie sich Ihr Text unter Ihren Händen formt und genau die Gestalt annimmt, die Sie sich gewünscht haben, als Sie mit dem Schreiben begannen.

Spaß und Abwechslung

Gehen Sie Schritt für Schritt vor, lassen Sie sich beim Korrigieren Zeit – und flechten Sie hin und wieder auch einfach mal lustbetontes Schreiben (neuer Texte) ein, also das, was Ihnen gerade einfällt und Spaß macht. Und legen Sie auch einmal Pausen ein, in denen Sie sich gar nicht mit Texten beschäftigen. Gehen Sie spazieren, hören Sie Ihre Lieblings-CD, treffen Sie Freunde oder kochen Sie – das lädt die verbrauchten Kreativitäts-Akkus wieder auf.

Über allem steht: Behalten Sie beim Schreiben Ihren Spaß am Schreiben! Denken Sie nicht zu früh an das Überarbeiten – es kommt ganz von selbst, wenn Sie Ihre Geschichten alle aufgeschrieben haben. Dass es dann kommt, geschieht, wie Sie jetzt spätestens wissen, aus gutem Grund: Macht es doch aus Ihren wichtigen Inhalten auch literarisch anspruchsvolle Texte. Also: Das notwendige Handwerkszeug haben Sie bereits in Kapitel ... gefunden, nun ran die Arbeit!

Fassen Sie inhaltliche Wiederholungen zusammen. Auf welchen Seiten schreiben Sie ähnliche Dinge? Wo können Sie Überschneidungen entdecken? Welche Stellen können Sie eventuell zusammenfassen? Wo lassen sich Dinge kürzen und straffen? (Die Karteikarten können Ihnen dabei helfen.) Auch wenn es manchmal weh tut, das eigene Geschriebene wieder rauszuschmeißen: Es ist ganz wichtig, loslassen zu können! Sie sparen dadurch Platz – und die Qualität Ihres Textes nimmt automatisch und spürbar zu. Sie brauchen ja nicht alles wegzuwerfen, manchmal können Sie Ihre Textteile oder einfach die Ideen für eine spätere Kurzgeschichte gebrauchen oder sogar woanders einbauen. Sortieren Sie nicht wahllos aus, sondern behalten Sie genau die Erinnerungen im Text, die das Geschehene am authentischsten wiedergeben, die zu Ihrem Lebenspuzzle ein passendes Stück hinzufügen.

Schritt 1

Achten Sie bei Umstellungen unbedingt darauf, dass es hinterher keine Verständnisschwierigkeiten oder logischen Brüche gibt (so genannte »Anschlussfehler«). Ein Beispiel: Sie führen eine Person auf Seite 30 Ihrer Autobiographie ein. Auf Seite 45 erlebt sie ein Abenteuer. Sie merken aber nun im Laufe des Schreibens, dass das Abenteuer von Seite 45 viel besser am Anfang passen würde, nämlich auf Seite 11. Wunderbar – stellen Sie die Szene um. Aber passen Sie auf, dass Sie dann auch dort auf Seite 11 höchstwahrscheinlich die Erklärungen zur Person von Seite 30 benötigen ...

Schritt 2   Lesen Sie sich noch einmal sehr genau die Liste mit den handwerklichen Tipps in Kapitel ... durch. Schauen Sie dann Ihren Text an: Haben Sie alles berücksichtigt, an welchen Stellen sind Sie stilistisch noch unzufrieden? Lesen Sie sich den Text nach dem ersten Korrigieren laut vor und überarbeiten Sie ihn gegebenenfalls noch einmal.

Schritt 3   Lassen Sie den Text von anderen gegenlesen, um die Rechtschreibung und Flüchtigkeitsfehler zu überprüfen. Noch viel wichtiger ist allerdings eine Kontrolle der Struktur und Verständlichkeit (Fach- und Fremdworte!) sowie der eben erwähnten Anschlussfehler. »Erhören« Sie auch hier ein mögliches Holpern des Textes, indem Sie sich Ihre Geschichten vorlesen lassen oder das ganze selbst auf Kassette sprechen.

»Von hundert Änderungen mag jede einzelne läppisch
und pedantisch erscheinen; zusammen können sie
ein neues Niveau des Textes ausmachen.«
(Theodor W. Adorno,
deutscher Philosoph und Soziologe)

Aber machen Sie sich auch immer wieder klar:

»Künstler, die in allem die Vollkommenheit suchen,
sind diejenigen, die sie in nichts erreichen können.«
(Eugene Delacroix, französischer Maler)

Ihr Text und die anderen Menschen

Schreiben kommt uns oft als ein sehr einsames Geschäft vor – wir sitzen über das Blatt Papier gebeugt im stillen Kämmerlein, neben uns flackert ein kleines Lichtlein, und langsam fließen die Worte aus der Feder, um am Ende in der Schublade verschlossen zu werden. Und auch, wenn wir ein wenig realistischer an die Sache herangehen, haben wir in der Regel nur selten die Möglichkeit, unser Geschriebenes von anderen Menschen »prüfen« zu lassen.

Dabei ist das Vortragen der eigenen Geschichten so alt wie die Menschheit selbst – jedes Schreiben hat seine Ursprünge in der Gruppe: im Erzählen am Lagerfeuer in der Höhle. Und warum sollten sich für uns heute diese grundlegenden Bedürfnisse verändert haben? Nun sitzen wir nicht mehr in Höhlen, sondern im Wohnzimmer oder Seminarraum, das Prinzip aber bleibt das gleiche.

Wichtige Zuhörer

Zuhörer (oder Leser) sind wichtig für Ihr Schreiben, auch schon in der Entstehungsphase. Dabei sollten es auch solche sein, die außen stehen, die nicht in Ihrem eigenen Kreis »mit drin stecken« und somit eine gewisse, wichtige Neutralität haben. Mit ihrer Hilfe können Sie herausfinden, welche Gefühle und Reaktionen der Text bei anderen auslöst – ein wichtiger Wegweiser für Ihr weiteres Schreiben.

Sie üben also mit direkten Rückmeldungen und können so auch Ihren inneren Kritiker viel besser zum Schweigen bringen. Wir alle kennen das: Wir schreiben an einem Text, überarbeiten ihn einmal, zweimal – bis wir schließlich gar nicht mehr wissen, ob er gut ist oder nicht. Auf einmal kommt uns alles banal und langweilig vor – zweifelhaft, ob das irgendjemand überhaupt lesen mag. In solchen Momenten brauchen wir alle einen Schubser von außen – Menschen, die uns glaubhaft vermitteln: »Ja, das, was du da schreibst, ist interessant und wichtig.« Denn manchmal geht unsere Selbsttäuschung sogar so weit, dass wir nicht nur denken, dass unser Schreiben langweilig ist – sondern unsere ganze Lebensgeschichte. Dann brauchen wir erst recht Außenstehende, die uns zeigen, dass dem nicht so ist. Wer Glück hat, kennt einen oder auch mehrere Menschen im persönlichen Umfeld (die beste Freundin, der Vater oder eine Kollegin), die einem sagen können, was gut an dem eigenen Text ist und wo er noch »hakt«.

Außerdem erhalten Sie damit verbunden auch Bezugspunkte und Verständnishilfen. Sie stellen fest: Ich bin ganz normal, ich habe ähnliche Freuden und Probleme wie andere, ich werde verstanden – ich entdecke aber auch ganz eigene Seiten, sehe mich unter Umständen in manchen Punkten in einem neuen, differenzierteren Licht.

Zeit und Raum für sich selbst

Seien Sie vorsichtig – wenn Sie spüren, dass eine Kritik von anderen an Ihrem Schreiben zu früh käme, dann behalten Sie Ihre Geschichten zunächst für sich. Geben Sie sich selbst Zeit und Raum, Ihr eigenes Schreiben kennen zu lernen und zu mögen. Gehen

Sie erst damit in die Öffentlichkeit, wenn Sie sich sicher fühlen – stark genug, um die erste Kritik so aufzunehmen, dass es Sie voranbringt und nicht zurückwirft. Niemand verlangt von Ihnen perfekte Geschichten. Zumindest sollte das niemand verlangen, und schon gar nicht am Anfang Ihres Schreibens.

Es kann sein, dass Sie von zehn Menschen zehn verschiedene Meinungen und Anregungen zu Ihrem Text erhalten. Denken Sie immer daran: Es ist IHR Text! Hören Sie sich die Argumente an, bewegen Sie sie hinterher noch einmal in ihrem Kopf – und ändern Sie dann, was Sie für änderungswürdig halten. Behalten Sie das bei, was Sie beibehalten wollen.

Ihre Entscheidung

Denken Sie immer daran: Es handelt sich um die persönliche Meinung der Befragten! Und die unterliegt – wie auch Ihre – dem Gesetz »Über Geschmack lässt sich nicht streiten«. Sie können Ihren »Helfern« aber selbst helfen, indem Sie ihnen wichtige Tipps mit auf den Lektüreweg geben, die Sie bereits kennen: Genaue Hinweise bringen Sie voran. Bitten Sie sie, dass sie sich in ihren Anmerkungen nicht auf »Der Text ist schön« oder »Er ist schlecht« beschränken, sondern sagen, was genau den Text ihrer Ansicht nach »gut« oder »schlecht« macht. Fragen Sie nach konkreten Beispielen, nach begründeten Meinungen. Rufen Sie den anderen vorher ins Bewusstsein, dass sie Rückmeldungen zum Text geben sollen – und nicht zu Ihrem Leben. Es geht darum, bei der Form, bei der Struktur zu bleiben – und nicht bei Fragen zu Werten, Ansichten, Moral oder ähnlichem.

*Halten Sie alle
Gedanken fest*

Nicht selten tritt ein ganz besonderes Phänomen auf: Wenn Sie Ihre Geschichte zur Kontrolle vorlesen und mit dem Vortragen Ihres Textes fertig sind, ergänzen Sie – manchmal ohne Luft zu holen – selber weitere Details zu Ihrer Geschichte. Beim Lesen sprachen Sie noch davon, dass sie in einer Hochzeitskutsche zur Kirche gefahren wurden, und schon berichten sie hinterher, wie die aussah, mit welchen Blumen die Pferde geschmückt waren und dass der Anzug vom Brautvater erst eine halbe Stunde vor der Abfahrt aus der Reinigung kam. Alle diese Zusatz-Informationen gehören natürlich in den Text hinein! Sie sind oft das eigentlich Interessante – Details, die in die Tiefe gehen und neue Geschichten hervorholen. Nutzen Sie auch diese »eigenen« Ergänzungen, die von anderen durch das bloße Zuhören ausgelöst werden. Lassen Sie beim Schreiben genug Platz, um hinterher eben diese Notizen einfügen zu können. Am besten wäre es sogar, ein Tonband mitlaufen zu lassen für die »Nachberichte«.

**Übung 50:
Leselisten**

Setzen Sie sich in einem entspannten Moment hin und überlegen Sie in aller Ruhe, wem Sie ohne Bedenken Ihrer ersten Text-Entwurf zeigen können – wer wird Ihnen mit »konstruktiver Kritik« weiterhelfen können? Erstellen Sie eine Liste mit entsprechenden Namen. Bedenken Sie als nächstes, wer zwar ein lieber Mensch ist, Ihnen für eine Beurteilung Ihrer Arbeit aber eher ungeeignet erscheint. Und denken Sie immer daran: Es geht um Sie und Ihre Autobiographie – nicht darum, jemanden auszugrenzen.

16. KAPITEL

Gestaltung

»In Büchern liegt die Seele aller gewesenen Zeiten.«
(Thomas Carlyle, schottischer Essayist
und Geschichtsschreiber)

Sie haben nun alles Material zusammengetragen und die Geschichten geschrieben, die Ihre Autobiographie ausmachen. Ihre Mitmenschen, denen Sie Ihr Werk vertrauensvoll in die Hände gelegt haben, konnten Ihnen wichtige Ratschläge und Hinweise geben. Sie selbst haben die Texte mehrmals überarbeitet, sich für eine Struktur und Reihenfolge entschieden und sind mit sich zu Recht zufrieden. Nun geht es daran, die äußere Form zu finden – also die Geschichten zu gestalten und Ihrem Buch ein »Aussehen« zu geben.

Neben den Texten und der damit verbundenen Seitengestaltung (s.u.) stellen sich weitere Fragen, was Sie alles in Ihr Buch mit hineinnehmen können. Die wichtigsten Elemente und für die Literaturform der Autobiographie gebräuchlichsten sowie ihre Einbindungsmöglichkeiten finden Sie hier kurz dargestellt.

Briefe

Wenn Sie in der glücklichen Lage sind, alte Briefe zu besitzen, dann verwenden Sie sie unbedingt für Ihre Autobiographie. Es gibt – neben Fotos – fast keine zeitgeschichtlich wertvolleren Dokumente. Briefe stellen natürlich auch sehr gute Erinnerungshilfen dar (siehe Kapitel »Hilfsmittel«). Sie werden feststellen, dass sich die Briefe aber nicht nur als erstklassige Informationsquelle erweisen, sondern oft so originell geschrieben sind, dass Sie Teile daraus, oder auch ganze Briefe, in Ihre Geschichten übernehmen können: Drucken Sie die Originalbriefe ab oder bauen Sie die entsprechenden Textstellen in Ihre

Autobiographie ein! Auf diese Weise erhalten Sie unter Umständen sogar noch ergänzende Kapitel. (Den Beispieltext Nr. 4 finden Sie im Kapitel »Formen autobiographischen Schreibens«.)

Bilder

Ihre Fotoalben bieten einen unermesslichen Schatz an illustrativem Material. Stöbern Sie sie durch! Sie können die Bilder entweder einkleben oder fixieren, so dass Sie sie hinterher wieder ins Album an ihren alten Platz einsortieren können. Benutzen Sie dafür entweder ablösbare Kleber oder Alben-Etiketten. Wenn Sie einen Scanner haben, umso besser – die Bildgröße lässt sich dadurch hervorragend anpassen, außerdem können Sie durch einfache Handgriffe mit einem Fotobearbeitungsprogramm kleine Kratzer, Flecken oder Risse retuschieren. Fragen Sie Menschen in Ihrem Freundes- oder Bekanntenkreis, die sich mit diesen Arbeiten auskennen und sie für Sie übernehmen.

Zeitgeschichte und Chroniken

Manchmal macht es Sinn, die geschichtlichen Zusammenhänge darzustellen, die den Rahmen Ihres Lebens bilden. Hin und wieder stecken die entsprechenden Informationen natürlich bereits im Text selbst – oft würden aber zu viele Fakten den Lesefluss stören oder einfach auch nicht in den Text passen. Zudem ist es für die Übersichtlichkeit gut, alles auf einen Blick vor sich zu haben.

So hat eine Seminar-Teilnehmerin einen kurzen Überblick über die Geschichte Ostpreußens eingefügt, wo sie ihre Kindheit verbracht hat. Sinnvoll kann auch eine historische Darstellung des Zweiten Weltkriegs sein, sofern er in Ihrer Autobiographie eine Rolle spielt. Weitere Beispiele: Die Geschichte der DDR oder eines anderen Landes, mit dem Sie verbunden sind; gesellschaftliche Ereignisse und politische Entwicklungen der Bundesrepublik Deutschland.

Die beste Variante erscheint mir, diese Übersichten oder Zeitleisten gesondert ans Ende Ihrer Autobiographie zu stellen – zusätzlich, nicht als Ersatz für Ihre Geschichten. Sie ermöglichen Ihren Lesern so, sich einen Überblick zu verschaffen und die Ereignisse besser einordnen zu können. Auch eine parallele Darstellung neben den wichtigsten persönlichen Ereignissen ist denkbar – auf der einen Seite hätten Sie so die allgemeinen Daten, auf der anderen Seite korrespondierend Ihre eigenen.

Sie können auch kleinere Kästen wählen, die Sie zwischen die Kapitel (bzw. am Kapitelanfang oder -ende) einfügen. Vielleicht haben Sie ja die Möglichkeit, sie farblich zu unterlegen oder in einer anderen Schriftart darzustellen.

Die gleichen Überlegungen wie für die Zeitleisten gelten für Stammbäume oder Ahnentafeln. Oft ist es hilfreich, die in Ihrer Autobiographie auftauchenden Personen in einem Gesamtüberblick darzustellen – vielleicht sogar mit Bild, wenn Sie noch eins besitzen.

Stammbaum und Ahnentafel

Es gibt eine große Anzahl guter Software, um solche Grafiken zu erstellen. Im Anhang finden Sie entsprechende Verweise auf Internetlinks. Auf der folgenden Seite abgebildet sehen Sie je ein Beispiel eines Stammbaums und einer Ahnentafel.

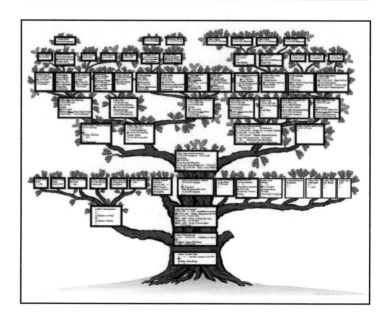

Abbildung 1: Stammbaum

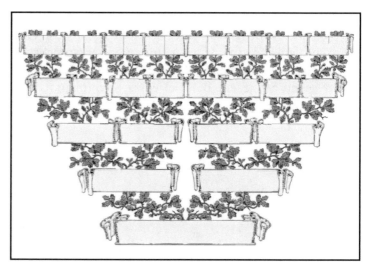

Abbildung 2: Ahnentafel

Wie bereits im Kapitel »Handwerk« dargestellt, sollten Sie *Glossar*
Fremd- oder Fachworte innerhalb eines Textes erklären.
Im Kapitel »Beispieltexte« finden Sie die Geschichte einer
Seminarteilnehmerin, die genau so vorgeht. Natürlich gilt
auch hier, was für die geschichtlichen Daten gilt: Sie wollen
kein historisches Lexikon schreiben, sondern Ihre
Lebensgeschichte. Um den Textfluss nicht zu sehr zu zer-
stückeln, bietet es sich also manchmal an, diese Fremdworte oder Erklärungen in ein Glossar einzubauen, das
Sie ans Ende Ihrer Autobiographie stellen – vielleicht vor
oder nach der historischen Zeitleiste. Erläutern Sie mit
wenigen Worten, was der jeweilige Begriff bedeutet. Im
Text selbst können Sie die entsprechenden Worte *kursiv*
oder auch **fett** schreiben – als Hinweis, dass Ihre Leser
dieses Wort weiter hinten nachschlagen können. Fußno-
ten im Text würde ich vermeiden, da Ihre Autobiographie
dann leicht wie eine wissenschaftliche Abhandlung wirkt.

17. KAPITEL

Schritt für Schritt zum eigenen Buch ...

Sie sind am Ziel – das Buch ist fertig und wartet nur noch darauf, hergestellt zu werden. Ich möchte Ihnen zunächst kurz zeigen, wie Sie auch dies (fast) alleine machen können – also ohne aufwändiges Layout, komplizierte Grafikprogramme oder das technische Wissen eines PC-Fachmanns für die Erstellung von Druckvorlagen.

Sie finden hier eine Schritt-für-Schritt-Zusammenfassung des bisher zum Entstehungsweg Ihrer Autobiographie Gesagten – und die weiteren Schritte, die Sie für die endgültige, »eigene« Herstellung wissen müssen. Ich habe Ihnen zur Sicherheit alles sehr detailliert aufgeschrieben – sollten Ihnen also einige der Schritte selbstverständlich vorkommen, lesen Sie einfach weiter. (Glauben Sie mir: Es kommt vor, dass einige dieser Punkte ausgelassen oder nicht berücksichtig werden, sogar Punkt 1!)

Texterstellung **1.** Schreiben Sie die Texte Ihrer Biographie. Das können Sie handschriftlich, per Schreibmaschine oder am Computer machen (oder alles nacheinander, wenn Sie wollen).

2. Tippen Sie am Ende (wenn Sie es nicht schon von vornherein gemacht haben) alle Texte in einen Computer ein, am besten mit dem gängigen, heutzutage auf jedem Rechner vorinstallierten Textverarbeitungsprogramm »Word«.

Tipp:
Handschriftliches

Geben Sie sie auch ein, wenn Sie Ihre Erinnerungen handschriftlich veröffentlichen wollen – es erspart einfach im Endeffekt viel Arbeit. Am PC können Sie Absätze verschieben, ganze

Seiten verändern, Text einfügen, entfernen – handschriftlich müssten Sie immer alles noch einmal schreiben. Erst, wenn der PC-Text fertig überarbeitet vorliegt und keine Änderungen mehr nötig sind, sollten Sie ihn in Schönschrift abschreiben.

3. Drucken Sie alles aus, kopieren Sie es und lassen Sie Ihre Texte von mindestens drei verschiedenen Personen Ihres Vertrauens gegenlesen oder vorlesen. Arbeiten Sie wertvolle Anregungen hinsichtlich Stil, Aufbau und Schlüssigkeit ein. Das können Schreibgruppenteilnehmer sein oder ein erfahrener Lektor – selbst Freunde oder Bekannte, die sich mit so etwas auskennen, also konstruktive Kritik äußern können.

Gegenlesen lassen

4. Lassen Sie Ihre Texte auf Rechtschreibrichtigkeit gegenlesen, am besten auch von mehreren Personen. Sie ärgern sich sonst einfach hinterher, wenn auf jeder Seite drei Flüchtigkeitsfehler stehen.

5. Gehen Sie nun an die Gestaltung des Textes: Entscheiden Sie sich für eine Schriftart, die Schriftgröße, für die Breite der Seitenränder, Seitenzahlen; fügen Sie eventuell Bilder oder Fotos ein. Das geht alles mit Word, vielleicht hat aber auch jemand in Ihrem Freundes- oder Bekanntenkreis Layoutprogramm-Kenntnisse, zum Beispiel »Corel Draw«, »Pagemaker« oder »QuarkXpress«, das wird dann natürlich noch schicker.

Optisches

Wenn Sie in der Menüleiste »Datei« und dann »Seite einrichten« anklicken, können Sie die Seitenränder festlegen. Der linke Rand sollte etwas größer sein als vorgegeben (zum Beispiel oben 2,5 cm, unten 2,5 cm, links 4,0 cm, rechts 2,5 cm. So gibt es später keine Probleme beim Umblättern, der Text bleibt lesbar und »verschwindet« nicht links in der Buchbindung.

Klicken Sie dann in der Menüleiste »Format« an: Unter »Zeichen« können Sie Schriftart, Schriftgröße, Farbe und Effekte wählen. Mein Tipp: Verzichten Sie möglichst auf gestalterische Mätzchen, bleiben Sie bei einer sachlichen Optik, zum Beispiel Arial oder Times New Roman, Schriftgröße 12. Unter »Absatz« haben Sie dann noch die Möglichkeit, die Zeilenabstände festzulegen, am besten nehmen Sie 1,5-zeilig.

Achten Sie bei der Wahl der Schriftgröße darauf, dass sie sich im Original naturgemäß verkleinert, wenn Sie Ihr Buch in DIN A5-Format drucken lassen. Schriftgröße 16 auf DIN A4 entspricht dabei ungefähr Schriftröße 12 auf DIN A5. Oder anders ausgedrückt: Wenn Sie im A5-Buch eine Schrift in Größe 12 erhalten wollen, müssen Sie für die DIN A4-Kopiervorlage Schriftgröße 16 wählen. Das kann von Schriftart zu Schriftart leicht variieren – probieren Sie es einfach aus, indem Sie eine Testseite A4 ausdrucken und auf A5 herunterkopieren (lassen).

Das Titelblatt **6.** Entwerfen Sie Ihr Titelblatt. Das können Sie selbst, glauben Sie mir! Suchen Sie sich ein Foto aus, das Ihnen besonders gut gefällt oder dass am besten zu Ihrer Geschichte passt. Oder kennen Sie einen gestaltungsbegabten Menschen im Freundeskreis? Fragen Sie ihn oder sie, ob nicht Lust und Interesse besteht, an Ihrem Buch mitzuwirken.

Beispiel eines selbst gestalteten Titelblattes:
Autobiographie von Gerda Iden

Beispiel eines selbst gestalteten Titelblatts:
Autobiographie von Helga Albinus

7. Speichern Sie alles auf Diskette – oder noch einfacher: drucken Sie alles einmal aus, vorzugsweise auf einem guten Tintenstrahl- oder Laserdrucker. Wählen Sie qualitativ hochwertiges Papier für diesen letzten Ausdruck – er soll schließlich als Kopiervorlage dienen.

Druckvorbereitung und Druck

8. Suchen Sie sich einen Copy-Shop aus und erkundigen Sie sich dort nach Bindemöglichkeiten, Papiersorten und -stärken sowie Preisen. Vergleichen Sie! Oft gibt es große Unterschiede, das hängt – bis auf den Preis natürlich – letztendlich auch vom persönlichen Geschmack ab. Sprechen Sie Ihre Wünsche genau ab, lassen Sie die Ausdrucke da, der Rest wird für Sie erledigt. In der Regel können Sie Ihr Buch nach einer Woche abholen.

Adressen im Internet von BoD-Anbietern:
www.xlibri.de
www.bod.de

Im Anhang finden Sie zum Thema »Buchherstellung« einige Literaturtipps.

Wahlweise können Sie Ihr Buch auch über »Books on Demand« (BoD) herstellen lassen. Durch dieses Digitaldruckverfahren sparen Sie die Kosten eines echten Offset-Druckes, die Druckqualität ist fast identisch. Das Ganze ist ein bisschen aufwändiger, dafür gibt's dazu auf Wunsch und mit Aufpreis eine ISBN und Auslieferungsmöglichkeit über den Buchhandel.

Wie finde ich den richtigen Verlag?

Wenn Sie ausprobieren möchten, über den Kreis der Familie und Freunde hinaus Ihre Biographie einer breiten Öffentlichkeit zugänglich zu machen, dann haben Sie mit einem Verlag natürlich die besten Chancen. Die Vorteile liegen auf der Hand: Das Buch wird für Sie hergestellt, um Werbung und Vertrieb müssen Sie sich nicht mehr alleine kümmern.

Vorweg sollten Sie sich jedoch ehrlich die entscheidende Frage stellen: Habe ich wirklich ein Thema, was auch »fremde« Menschen interessieren könnte? Es gibt drei Kriterien, die die Verkaufsaussichten erhöhen: Entweder sind Sie in Ihrem Wohnkreis bekannt (Funktionsträger, Amtsinhaber, Unternehmer), oder ihr Thema weist starke regionale Bezüge auf – oder Sie behandeln ein Thema, das von starkem allgemeinen Interesse ist.

Veröffentlichungen von Auszügen oder einzelnen Geschichten Ihrer Biographie sind auch in Anthologien möglich, in denen verschiedene Menschen zu einem ganz bestimmten Thema schreiben (zum Beispiel »Bombenangriffe auf Hamburg« oder »Meine Nachkriegszeit«).

Der Weg

Bitte verschicken Sie das Manuskript nicht an sämtliche Verlage – das kostet Geld und bringt nichts. Was soll zum Beispiel ein Verlage, der auf Lyrikbändchen spezialisiert ist, mit Ihrer Lebensgeschichte? Eine gute Vorauswahl erleichtert die Arbeit und erspart jede Menge Porto.

Im Internet werden Sie schnell fündig, welche Verlage welches Programm anbieten und wo sie ihren Hauptsitz haben. Alternativen: Schauen Sie sich in Buchhandlungen um, welche mit dem eigenen Werk vergleichbaren Bücher es gibt, es gibt fast in jeder eine Biographie-Abteilung. Zum einen schärft das den Blick für bereits vorhandene Werke, zum anderen lassen sich so wunderbar die entsprechenden Verlage ausfindig machen. Viele geben inzwischen im Impressum (meist auf der ersten Seite) eine Internetadresse an. Zumindest steht der Verlagsname da: Und mit dem lässt sich ganz einfach per Telefonauskunft oder mit den »Gelben Seiten« die Erreichbarkeit herausfinden. Lassen Sie sich vielleicht dann den Verlagsprospekt zuschicken. Ein bisschen aufwendiger ist ein Besuch bei den Buchmessen in Frankfurt oder in Leipzig. Machen Sie es wie bei einer Bewerbung – je mehr Sie über Ihren zukünftigen Arbeitgeber wissen, umso besser.

Informationen über alle existierenden Buchtitel erhalten Sie aus dem »Verzeichnis lieferbarer Bücher« sowie aus Katalogen der Großhändler wie zum Beispiel »Libri«, die in jeder Buchhandlung eingesehen werden können. Deren Datenbanken stehen im Internet zur Verfügung, Sie finden alle unter www.buchhandel.de.

Kontaktaufnahme Ein telefonischer Vorabkontakt kann durchaus sinnvoll sein: Um herauszufinden, ob der Verlag überhaupt autobiographische Bücher publiziert. Erkundigen Sie sich zumindest auch nach dem Namen des entsprechenden Lektors. Vorsicht: Nicht alle mögen es, in ihrer Arbeit gestört zu werden! Schicken Sie lieber das Manuskript zu seinen/ihren Händen. Probieren Sie es nicht nur bei den großen, sondern auch bei den mittleren oder kleinen Verlagen! Oft sind dort die Chancen einer Veröffentlichung größer.

Das Manuskript an mehrere Verlage gleichzeitig zu verschicken, ist erlaubt – es kann Wochen oder sogar Monate bis zu einer Antwort dauern! Nach sechs bis acht Wochen dürfen Sie gerne einmal nachfragen – und zwar am besten bei dem Lektor, den Sie auch angeschrieben haben.

Achten Sie auf eine »professionelle« Gestaltung Ihrer Lebenserinnerungen – ähnlich wie bei einer Bewerbung! Professionell heißt NICHT, dass Sie möglichst alles schon fertig gebunden und mit aufwändigen grafischen Mätzchen versehen haben sollen. Professionell meint, dass die von Ihnen eingereichten Texte ansprechend, klar und übersichtlich aussehen.

Gestaltung der Unterlagen

Das Anschreiben sollte nur eine Seite umfassen. Hinein gehören folgende Infos:

o Um was für ein Buchprojekt, um was für ein Thema handelt es sich?
o Warum schreiben Sie gerade DIESEN Verlag an?
o Einige Worte über Ihre Person, vielleicht mit Hinweis auf eine extra beiliegende Kurzvita. Hierbei muss deutlich werden, warum andere Menschen gerade IHR Leben kennen lernen sollten.
o Keine Honorarforderungen!

Schreiben Sie nun ein kurzes Exposé, ungefähr 2-3 Seiten. Das ist eine knappe Inhaltsangabe, die ihr gesamtes autobiographisches Werk darstellen soll. Beschränken Sie sich also auf die Fakten. Auf die erste Seite gehören Name, Arbeitstitel, geplante Seitenzahl, Zielgruppe.

Legen Sie ein Probekapitel bei – verschicken Sie nicht das ganze Manuskript! Versuchen Sie, nicht Ihr ganzes Können an dem einen Kapitel beweisen zu wollen. Der Lektor wird schon merken, ob es gut geschrieben ist und dann eventuell das ganze Manuskript anfordern. Gestalten Sie dies wie beschrieben für die Buchgestaltung im Abschnitt »Schritt für Schritt zum eigenen Buch ...« im vergangenen Kapitel.

Legen Sie bei der ersten Kontaktaufnahme freundlicherweise Rückporto bei, das macht einen guten Eindruck. Wenn Ihr Manuskript angefordert wurde, brauchen Sie es nicht unbedingt zu tun.

Literaturagenturen Oftmals ist es Erfolg versprechender, wenn Sie sich nicht direkt an einen Verlag wenden, sondern zunächst an eine Literaturagentur. Die Vorteile: Ihr Manuskript durchläuft eine verlagsähnliche »Vorkontrolle« – und die Agenten wissen besser, wo Ihr Manuskript untergebracht werden könnte. Zudem haben die Verlage unter Umständen schon erfolgreich mit dieser Agentur zusammengearbeitet und schauen dann schon einmal näher auf das eingereichte Werk.

Nehmen Sie auch hier zuerst telefonisch Kontakt auf! Fragen Sie, ob Interesse an Ihrem Manuskript besteht und ob es ratsam ist, gleich das ganze Manuskript zu senden. Seriös arbeitende Agenturen vermitteln nicht an so genannte Druckkostenzuschussverlage (s.u.) und verlangen keine Vorgebühren. Eine normale Provision von 15 – 20 Prozent wir erst bei Abschluss eines Verlagsvertrages fällig. Wählen Sie nur solche Agenturen, die kein Honorar für das Lektorat der Texte oder eine sonst wie geartete Gebühr verlangen – »Kaution«, »Bearbeitungsgebühr«, »Vorabgebühr« (für Porto oder Telefon), »Vermittlungsgebühr«.

Im Anhang finden Sie einige Buchtitel, in denen Sie Adressen von Literaturagenturen finden.

Druckkostenzuschussverlage Die eben bei den Agenturen erwähnten Vorsichtsmaßnahmen bei den Agenturen gelten in verstärktem Maße für die so genannten »Druckkostenzuschussverlage«. Diese Institutionen werben gerne mit Anzeigen wie »Verlag sucht Autoren«. Das ist Quatsch – kein seriöser Verlag sucht Autoren, lassen Sie die Finger davon! Es entstehen Ihnen sonst immens hohe Kosten, Sie erhalten viel zu viele Bücher (wo wollen Sie 2000 Stück lagern? Und wem wollen Sie die verkaufen?) – und Sie sind schließlich (zurecht) frustriert.

Es gibt inzwischen Angebote von verlagsähnlichen Anbietern, die Ihnen bei einer hohen Preistransparenz anbieten, Ihre Bücher zu gestalten und drucken zu lassen (teilweise mit Layout, Lektorat etc.). Dabei bestimmen Sie Art und Aussehen sowie Stückzahl. Das kostet zwar auch Geld, liegt aber wesentlich niedriger als bei den Druckkostenzuschussverlagen. Wenn Ihnen so ein Angebot über den Weg läuft, dann prüfen Sie es sehr genau und lassen dann Ihren gesunden Menschenverstand entscheiden.

19. KAPITEL

Formen autobiographischen Schreibens

Autobiographien sind so unterschiedlich wie die Menschen, die sie schreiben. Sie sind nicht vergleichbar im Sinne von »besser« oder »schlechter«. Aber man kann viel lernen, wenn man sich auch einmal die Ideen und Herangehensweisen anderer näher anschaut. Zum einen ist es natürlich sinnvoll, sich von den Biographien bekannter Persönlichkeiten anregen zu lassen – hinsichtlich des Aufbaus, der Sprache, des Stils. Noch einmal: Es geht nicht um ein Vergleichen, sondern um eine gewünschte Inspiration! Sie werden höchstwahrscheinlich auch Texte finden, die Ihnen nicht zusagen. Auch daraus lässt sich hervorragend lernen, indem Sie feststellen, was Sie NICHT mögen ...

Zum Abschluss möchte ich Ihnen auf den folgenden Seiten allerdings einige Beispiele autobiographischer Texte vorstellen, die von Teilnehmern und Teilnehmerinnen meiner Schreibkurse stammen. Ich habe bewusst keine bekannten Autoren herangezogen, weil ich deutlich zeigen möchte, dass alle Menschen ihren eigenen, unverwechselbaren Stil, ihre eigene Sprache besitzen. Ich habe diese Texte auch ausgewählt, da jeder von ihnen eine andere Form des Aufbaus, der Herangehensweise, der Art zeigt, wie die eigene Geschichte (und die jener Menschen, die damit verbunden sind) aufbereitet werden kann. Sie sollen Sie zusätzlich motivieren, gleich mit Ihrer eigenen Biographie zu beginnen. Lesen Sie lustvoll, finden Sie Anregungen – und kreieren Sie dann Ihre ganz eigene, persönliche Form!

Mein Dank gilt an dieser Stelle allen, die mir ihre Texte bereitwillig für die Veröffentlichung zur Verfügung gestellt haben.

Textbeispiel 1:
Vorwort in lyrischer Form

Elvi Stammeier beginnt ihre Lebenserinnerungen mit einem Gedicht von Adalbert Stifter, um dann in einer eigenen, fast lyrischen Prosa fortzufahren. Ihr Vorwort ist ein gutes Beispiel dafür, dass man nicht immer bei erzählender Prosa bleiben muss – und dass Vorworte auch sehr kurz gehalten werden können, ohne an Bedeutung zu verlieren.

Fernste Erinnerungen
Von Elvi Stammeier

»Welch ein rätselhaftes, unbeschreibliches
Geheimnisreiches, lockendes Ding
Ist die Zukunft, wenn wir noch nicht in ihr sind -
Wie schnell und unbegriffen
Rauscht sie als Gegenwart davon.«
(Adalbert Stifter)

Was bleibt, sind Erinnerungen, Sehnsüchte nach Vergangenem, eingestanzte Momente unseres Lebens, tief in unsere Seele eingebettete, glückliche und schmerzhafte Ereignisse. Sie gehören uns, gehören zu uns, sind Teil von uns, machen uns aus.

Manchmal überfallen mich Erinnerungen unerwartet, sind nicht gewünscht. Die Zeit ist noch nicht reif für sie. Sie quälen, vermitteln Angst und Schuld oder treffen auf einen Abschied, dessen Wunde noch nicht vernarbt ist. – Sie sollen warten.

Wenn ich jedoch bereit bin für ein Einsinken in meine Erinnerungen, nehmen sie für mich die Form einer beglückenden Zeitreise an. Menschen, die schon lange nicht mehr »da« sind, tauchen aus nebelhafter Ferne auf, sind mir so nah, dass ich ihren Geruch wahrnehme, dass ich sie fühle, ihre Stimme höre und ihre Gesten erkenne.

Meine fernste Erinnerung ist nur bruchstückhaft, hat aber eine große Bedeutung für mich ...

(Im ersten Kapitel beginnt Elvi dann mit einer Erzählung aus ihrer frühesten Kindheit.)

Textbeispiel 2:
Vorwort mit Erläuterungen zur Texterstellung

Ingrid Gehrmann schreibt in erster Linie nicht ihre eigene, sondern die Geschichte ihrer Mutter Annaliese auf (mit der ihre eigene natürlich verwoben ist). Ihre Einleitung zeigt den konstruktiven Umgang mit Überlieferungslücken. Besonders der zweite Teil dieses Vorwortes zeigt, wie sich sprachlich damit umgehen lässt, wenn nicht mehr alle notwendigen Dokumente, Daten oder Namen vorliegen und man trotzdem gerne ein authentisches, rundes Bild einer Person erstellen möchte.

Ein Satz von ihr, der eine der vielen Stärken des autobiographischen Schreibens verdeutlicht, ist mir übrigens aus einem unserer Kurse im Kopf hängen geblieben. Ingrid erzählte beeindruckt von einer ihrer Schreiberfahrungen: »Durch das Aufschreiben dieser Lebensgeschichte ist bei mir erst Verständnis für meinen Opa entstanden, das ich vorher so nicht hatte ...«

Meine Erinnerungen – Einleitung
Von Ingrid Gehrmann

Es war einmal ein Mann,
der hatte sieben Söhne.
Die sieben Söhne sprachen:
»Vater, erzähl doch mal eine Geschichte!«
Da fing der Vater an:
»Es war einmal ein Mann, der hatte sieben ...«

Diese Endlosgeschichte kennt wohl jeder. Annaliese, meine Mutter, hatte nach diesem Muster eine eigene kreiert, die »Pillengeschichte«, die sie uns Kindern Ingrid, Rainer, Jürgen, Lutz, Helga und Jochen zur Belustigung gern erzählte. Wir mussten aber jedes Mal erst lange betteln: »Assi, erzähl doch noch mal ...« – das gehörte unverzichtbar zur Zeremonie. Wie die Geschichte genau ging, weiß heute keiner mehr so genau. Sie handelte von Pillen, von denen Annaliese immer reichlich nahm, und davon, dass sie sich geirrt und zu früh Nachschub gekauft hatte. Am Anfang und am Ende kam dann immer der Satz: »Und ich dachte, ich hätte gar keine Pillen mehr, dabei hatte ich doch noch welche ...« An dieser Stelle fingen alle an, »Aufhören!« zu schreien, als ob sie gequält würden. Besonders Jürgen konnte sich bei diesem Satz überschlagen.

Annaliese erzählte aber auch gern von früher, von meiner Kindheit, von ihrer Kindheit und Jugend, oder von unseren Vorfahren, über die nur noch sie Bescheid wusste. Sie wollte alles einmal aufschreiben für uns, die Geschichte der Apels. Vor 15 Jahren hielt sie dann die kleinen Anekdoten über uns Kinder mit Hilfe ihrer alten Schreibmaschine fest, aber alles andere waren zu große Aufgaben für sie – die Planung und dann erst das Schreiben.

Nach der Wende fuhren wir 1990 alle nach Salzwedel, einer Stätte ihrer Jugend, wo ihre Großmutter bis 1937 ein Haus besessen hatte. Es sah nach 60 Jahren noch genau so aus wie früher, und Annaliese hatte den Wunsch, es noch einmal von innen zu sehen. Ich ahnte Missverständnisse, denn zu dieser Zeit fuhren viele Westler in die DDR, um sich ihren alten Besitz anzusehen. Ich ging also mit, um die Hintergründe ihres Anliegens zu erklären – und sie begann auch gleich wie befürchtet: »Dieses Haus hat einmal meiner Großmutter gehört.« Der Satz löste bei den Bewohnern sofort Schrecken aus. Sie verstanden dann aber den Wunsch der alten Frau, die nur noch mal nachsehen wollte, ob die Wohnung wirklich so groß war, wie sie sie in Erinnerung hatte, ob man auf dem Flur wirklich Rad fahren konnte, weil er so lang war. Dreirad fahren vielleicht, stellten wir fest, denn die Wohnung war aus der jetzigen Perspektive durchschnittlich groß, der Flur nicht länger als drei Meter. Wir erkundeten ganz Salzwedel und die Umgebung, den Ahrendsee und Genzien, wo auch das frühere Wohnhaus noch so aussah wie vor 70 Jahren.

Zwei Jahre später fuhren Christina und ich mit Annaliese nach Duisburg-Hamborn, wo ihre Familie auch lange gewohnt hatte. Dort war es schwieriger, die Adressen zu finden, das Haus in der Schulstraße zum Beispiel musste einer Autobahnzufahrt weichen.

Von diesen Reisen brachten wir viele Fotos mit, anhand derer Annaliese einen Teil ihrer Erinnerungen auf Tonband sprechen konnte. Wir merkten, dass aus dem Schreibprojekt nichts mehr werden würde – ich entschloss mich daher, das für sie zu übernehmen. Irgendwann ließ Annalieses Kurzzeitgedächtnis stark nach, was sie zu einem Pflegefall machte. Dann nahm auch das Langzeitgedächtnis ab, so dass ich jetzt nicht mehr nachfragen kann, wenn Zusammenhänge unklar sind oder sich Lücken auftun. Aber die meisten Geschichten haben Christina und ich zum Glück im Gedächtnis.

Als Stütze für die Geschichte unserer Vorfahren dienen mir auch Dokumente und viele alte Fotos – kleine Kunstwerke auf Pappe, die damals nur alle paar Jahre einmal gemacht wurden. Ich fand sie in einem Briefumschlag, den Annaliese bei der Wohnungsauflösung ihrer Eltern in einer Schublade abgelegt hatte, ohne sich um den Inhalt zu kümmern. Leider ist nur selten vermerkt, wer auf den Fotos abgebildet ist. Man kann aber aus Ähnlichkeiten oder dem Ort des Fotoateliers Schlüsse ziehen. Außerdem hatte Annaliese einen Ahnenpass, der zurückreicht bis zu ihren Ur-Urgroßeltern. Sie musste ihn 1938 anlegen, um den Nazis ihre arische Abstammung nachzuweisen. So verwerflich der Zweck dieses Dokuments war – es ist eine interessante Quelle.

Trotzdem bleiben viele Zusammenhänge im Dunkeln; Lücken kann ich nur mit Phantasie schließen, indem ich

Fotos vergleiche und mögliche unbekannte Geburts- und Heiratstermine von bekannten Terminen aus zurückrechne. Oft helfen mir auch meine Geschichtskenntnisse oder mein gesunder Menschenverstand, die offenen Zwischenräume zu füllen. So entsteht für mich ein stimmiges Bild der Familie Apel. Die Dialoge und manche Begriffe sind wörtlich von meiner Oma Martha und Annaliese überliefert. Wer beide kannte, hört sie im Geiste sprechen. Annaliese entsteht so noch einmal in ihrer ganzen Vitalität, was mich sehr glücklich macht.

Textbeispiel 3:
Sprachliche Nähe und Distanz

Christiane Widderich schreibt in Teilen ihrer Autobiographie über ihre Kindheit im Kriegs- und Nachkriegsdeutschland. Der hier abgedruckte Text schildert einen Sommernachmittag kurz nach Kriegsende. Er ist von der Struktur her zweigeteilt: Die erste Hälfte verdeutlicht die Ängste eines sechsjährigen Kindes, die zweite die noch erhalten gebliebene Fähigkeit zu träumen sowie die Sehnsucht nach Geborgenheit. Spannend ist, dass sich das Inhaltliche auch sprachlich ausdrückt: Christiane verwendet im ersten Teil das »ich« nur sehr reduziert, vielmehr wechselt sie ins »wir« oder formuliert oft so, als ob sie von außen auf die Szene und damit auch auf sich selbst schauen würde ("Furcht. Immer Furcht, weiß das Gesicht, zusammengezogen der Körper.«)Im zweiten Teil wechselt sie sofort und konsequent in die Ich-Perspektive, startend mit einem Doppel-"ich«, unter Verwendung der eigenen Sinne (Visuelles, Gehör, Geschmack, Tastsinn, Geruch) und einer auffälligen, quantitativen Zunahme von »meinem«, »mich« und »mir«.

Der Text ist ein interessantes Beispiel für die durch das »ich« empfundene Nähe zum Geschehen auf der einen und die Distanz der 3. Person auf der anderen Seite — sowohl, was den Eindruck beim Lesen oder Zuhören betrifft, als auch für die schreibende Person im Moment der Erinnerung selbst.

Sommer in Thüringen
Von Christiane Widderich

1945, gerade nach dem Krieg. Seit Stunden gehen wir suchend durch den Wald. Pfifferlinge und Steinpilze füllen unsere Körbe.

Ich: 6 Jahre alt, ganz für mich, hinter den Erwachsenen. Angst sitzt im Nacken. Noch drückt der Bombenlärm, tobt das Panzerrasseln in mir. Furcht, immer Furcht, weiß das Gesicht, zusammengezogen der Körper. Die Mutter geht vor mir, damit ich sicher bin: Wenigstens sie ist noch da – nicht fort, wie meine ganze bisherige Welt.

Und jetzt im Wald – noch im Niemandsland zwischen Russen und Amerikanern – kriecht diese Angst weiter empor. Gefahr überall. Tritt hinter dem nächsten Baum ein Soldat hervor und erschießt uns? Stürzt sich einer auf meine Mutter, hackt die Hand ab, um ihr das goldene Armband zu entreißen, das sie unter einem Verband versteckt trägt?

Aber nun betreten wir eine Lichtung. Hohe Bäume schützen sie, rauschen und flüstern im Wind. Licht flirrt durch ihre Blätter, erreicht den Waldboden, spielt in den Farnen und Gräsern. Und ich, ich kuschle mich in dieses Grün, sinke in das weiche Moos, in das Helle und in das Dunkle. Ich bin ganz im Augenblick.

Dunkelrubinrote Walderdbeeren leuchten aus dem Blattwerk. Ich pflücke sie, schiebe sie in meinen Mund, umfange, schmecke, rieche ihr volles, süßes Aroma. Ihr Duft und ihr Rot bleiben in meinem Gedächtnis wohnen.

Ich bin hier ganz allein. Ohne Angst sitze ich inmitten von Herrlichkeit und Schönheit. Ob jetzt wohl gleich die Elfen mit webenden Schleiern aus ihren Nebeln und Geheimnissen hervortanzen? Ich halte den Atem an, um sie nicht zu stören, denn nur ihnen allein gehört diese Lichtung. Einen langen Augenblick aber lassen sie mich teilnehmen, tanzen mit mir, tragen mich in ihren Armen, schwingen mich in ihrem Reigen. Und nichts Bedrohendes kann sich erheben.

Dann rufen die Erwachsenen. Das Kind erwacht wie aus einem Traum. Ich laufe zu den anderen. Wir treten unter

den Bäumen hervor in den sonnendurchfluteten Waldrand. Unter den Birken leuchten Pilze, wir füllen sie in
unsere Körbe. Der Boden ist warm und feucht: ein gutes
Pilzjahr hier im Sommer 1945, kurz nach dem Krieg.
Zwar könnte hinter jedem nächsten Baum ein fremder
Soldat hervorkommen – die Lichtung aber in mir kann ich
betreten, immer im Leben, wenn ich sie brauche.

Textbeispiel 4:
Einbau von Textstellen aus Briefen

Irene Sonntag hat das große Glück gehabt, einen ganzen Stapel alter Briefe ihrer Familie zu erben – aus den Jahren 1850 bis 1946. Ihre biographische Arbeit betrifft in einem Teil ihrer Erzählungen die Familiengeschichte ihrer Vorfahren, in einem weiteren ihre eigene Geschichte. Irene baut in ihren Text Originalzitate aus den vorhanden Briefen ein – einige kürzer, andere länger – und lässt sie entweder für sich stehen, kommentiert oder deutet manchmal. So entsteht ein abwechslungsreicher und lebendig zu lesender Text, der nicht zuletzt durch seine Authentizität besticht – ein wertvolles Dokument der Zeitgeschichte.

Eine nützliche Möglichkeit, verschiedene Erzähl-Ebenen darzustellen, ist die von Irene Sonntag verwendete *Kursivschrift.*

»Liebes Fräulein! Hoffentlich haben Sie sich von der gestrigen Anstrengung wieder erholt & befinden sich inzwischen wieder mobil. Ich habe mich tüchtig erkältet. Schadet nichts, das Vergnügen ist so etwas wert gewesen & nehme ich das kleine Übel gern mit in Kauf. – Werden Sie Ihr Versprechen einlösen? Freundl. Gruß Ihr Otto Robaschik«

Diese Postkarte vom 28. August 1900 ist das erste der Dokumente über die Geschichte von Toni Blunck und Otto Robaschik. Toni war damals 23 Jahre alt. Sie und ihre Geschwister waren bei fremden Leuten in Ascheberg bei Plön aufgewachsen, und sie arbeitete als Verkäuferin in Rendsburg – so wird sie auch Otto kennen gelernt haben. Er war bei der Carlshütte in Rendsburg beschäftigt, das wird wohl der Grund gewesen sein, der ihn aus Schlesien nach Schleswig-Holstein verschlagen hatte.

Sie wussten beide, dass Otto Ende September zum Militär eingezogen werden würde. Sie gingen miteinander spazieren, segeln, küssten sich, duzten sich – kurzum, sie taten alles, was anständige junge Leute im Jahr 1900 miteinander taten und tun durften. Ich kann mir gut vorstellen, warum die junge Toni sich in den noch jüngeren Otto verliebte: Er sah gut aus, arbeitete im Büro, wusste sich auszudrücken und war kulturell interessiert. Somit entsprach er genau dem, was Toni in ihrer kommerzienrätlichen Pflegefamilie schätzen gelernt hatte.

Am 28. September musste Otto abreisen. Toni brachte ihn zum Bahnhof, ebenso einige von Ottos Freunden. Ein ziemliches Durcheinander entstand: Es gab Schwierigkeiten beim Kauf der Fahrkarte, Otto ärgerte sich, vergaß, Toni seinen Freunden vorzustellen, kam nicht mehr dazu, sich so von Toni zu verabschieden, wie die beiden sich das wohl gewünscht hatten – Toni muss ziemlich traurig wieder nach Hause gegangen sein.

Otto sollte seine Militär-Dienstzeit in Breslau leisten. Das kam ihm entgegen, denn dort lebten seine Verwandten. Er hatte noch ein paar Tage Urlaub und wollte sie unter anderem zu einem Aufenthalt in Berlin nutzen. Er wohnte bei seiner Cousine und besichtigte ausgiebig die Stadt. Sein Rundgang sah im wesentlichen so aus, wie er auch heute noch sein könnte: Unter den Linden, Friedrichstrasse, Siegesallee, Siegessäule, Schloss. Was ihn aber ganz besonders beeindruckte, war das Warenhaus Tietz, das heutige »KdW«: *»Dasselbe zu beschreiben, ist mir unmöglich, da hierzu der Briefbogen nicht ausreichen würde. Ich erinnere mich dahin, daß es einzig in seiner Art ist. Man könnte im Adamskostüm hineingehen und vollständig ausstaffiert, satt gefüttert und getrunken, mit allen möglichen nützlichen & unnützlichen Prachtgegenständen beladen, hinauswandern.«* Hat sich in den vergangenen hundert Jahren in der Betrachtungsweise wirklich so viel geändert?

Er dachte offenbar oft an Toni und empfahl ihr, sich in einem *Goldwaren-Engrosgeschäft* zu bewerben, falls sie in

Berlin arbeiten wollte. Gleichzeitig lernte er neue Verwandte kennen und war sehr beeindruckt, weil sie *der Berliner feinen Gesellschaft und Geld-Aristokratie* angehörten. Nach einigen Tagen Berlin reiste er weiter, über Görlitz und Hirschberg nach Breslau. Unterwegs schrieb er drei Ansichtskarten an Toni, die er auf den Haltestellen in den Briefkasten steckte.

Am 12. Oktober 1900 begann seine Militärzeit in Breslau. Tonis Briefe sind leider nicht erhalten, und so erfahren wir nur vieles über Otto und über die damaligen Verhältnisse beim Militär. Ob es wohl dieses »andere« Leben und die Anstrengung waren, die dazu führten, dass er mit dem Briefeschreiben etwas nachlässig wurde? Im April jedenfalls schrieb Toni ihm einen offensichtlich besorgten Brief, und er musste sich sehr bei ihr entschuldigen, weil er sich so lange nicht gemeldet hatte.

Toni selbst hatte inzwischen in Erwägung gezogen, eine Stellung in Rotterdam anzunehmen. Otto warnte: *»Gerade nach Holland ist der sogenannte ,Mädchenhandel' im besten Flor. Ich weiß ja zwar nicht, um was für eine Stellung es sich handelt, aber immerhin ,Vorsicht ist die Mutter der Weitsicht'.«* War es wegen Ottos Warnung? Toni jedenfalls ging nicht nach Rotterdam, sondern fand eine Stellung in Mönchengladbach.

Ottos Briefe beschrieben seinen Militär-Alltag, berichteten von *Besichtigungen und Manövern*. Toni war das wohl zu wenig – im Juni 1901 scheint sie deutlich geworden zu sein. Zu deutlich für Ottos Gefühl? Jedenfalls schrieb er: *»Jetzt erst weiß ich, wie sehr Du mich liebst. Nur ein liebendes, aber verwundetes Mädchenherz konnte so sprechen ... Hab herzlichen Dank für Deine Liebe, Toni, und glaube mir, meine Empfindungen für Dich sind noch genau dieselben wie damals in Rendsburg, haben eher an Stärke zugenommen, nun wir nicht zusammen sein können und sie ins Herz fest einschließen müssen, ohne uns auch nur ein einziges Mal aussprechen zu können. – Deine Hauptfrage habe ich Dir nun ehrlich beantwortet, als aufrichtiger Mensch möchte ich nun aber an Dich die Frage stellen, was wird aus unserer*

Zukunft werden? Sieh, ich werde erst 22 Jahr alt, und es können noch 8-10 Jahr vergehen, ehe ich daran denken kann, ein Bündniß fürs Leben einzugehen, denn ich würde letzteres nur dann einmal tun, wenn ich eine vollkommen gesicherte Lebensstellung erreicht habe ...... Entscheide nun Du selbst, was Du zu tun gedenkst.«

Toni liebte ihren Otto so sehr, dass sie beschloss, auf ihn zu warten. Gleichzeitig nahm sie ihr berufliches Fortkommen in Angriff. Otto ging in seinem Brief aus dem Oktober 1901 auf das Thema ein: Er empfahl ihr, Stenographie zu lernen, und zwar das System Stolze-Schrey und riet ihr, sich bei der staatlichen Alters- und Invaliditätsversicherung zu bewerben: *»Dieselben stellen ja jetzt auch sehr viel Damen ein und bezahlen gut. Außerdem ist dies leichte Arbeit und die Auswahl unter den Damen ist sehr vorsichtig – also hast Du immer standesgemäßen Verkehr.«*

Plötzlich wurde die Korrespondenz für ein Dreivierteljahr unterbrochen, und es war Toni, die sie wieder aufnahm. *»Du kannst Dir gar nicht vorstellen, wie groß meine Freude war; als ich deine lieben Schriftzüge sah, concentrierten sie sich in dem einen Namen, den ich jubelnd ausrief, Toni!«*

Nach der Beendigung seiner Militärzeit fand Otto eine Stellung im Hamburger Stadtteil Bergedorf. Möglicherweise hatte er in einem seiner Briefe den Wunsch geäußert, Toni in seiner Nähe zu wissen – und die gab prompt ihre Stellung in Mönchengladbach auf, ohne jedoch eine neue Stellung in Bergedorf gefunden zu haben. Otto wiegelte denn auch ab: *»Wenn es irgend möglich ist, möchte ich Dich daher sehr bitten, gieb den Gedanken auf, hierher zu kommen, solange Du nicht fest engagiert bist.«* Allerdings versprach er ihr, Hamburger Zeitungen mit Stellenangeboten zu schicken. Auch auf ihre Bitte, ihr bei der Suche nach einer Wohnung behilflich zu sein, schrieb Otto ihr ablehnend und empfahl ihr, in ein Hotel zu gehen, oder ins »Heim für junge Mädchen« an der Bleichenbrücke 12.

Das Verhältnis der beiden wurde wohl auch durch diesen Brief getrübt. Ein halbes Jahr später verfasste Toni, die inzwischen in Hamburg arbeitete, einen Brief, in dem sie sich enttäuscht darüber zeigt, dass Otto nicht schrieb. Er bat um Verzeihung und führte außerordentlich befremdliche Gründe für sein Schweigen an: »*Das letzte Vierteljahr hat meine Lebensanschauungen dermaßen geändert, daß mir nichts mehr heilig ist. Das Studium philosophischer Werke, der Verkehr mit exotischen Personen und das tägliche Alleinsein haben dies wohl verbrochen. .....Meine Liebe zu Dir – einst war sie aufrichtig – heut, glaube ich, bin ich dazu nicht mehr fähig.*« Ein sehr, sehr merkwürdiger Brief.

Für weitere sechs Monate ist kein Brief erhalten – vielleicht gab es auch keinen. Mit dem Datum vom 23. September 1903 (Otto arbeitete inzwischen in Düsseldorf und Toni in Essen) finde ich eine vorgedruckte Karte an Toni. Der Text »*Herzlichen Glückwunsch zur Verlobung*«. Einen Tag später schrieb er doch noch einen Brief: larmoyant (»*ob ich auf dem von mir beschrittenen Pfade noch einmal mein Glück finden werde, wer weiß das! Ich gebe mir kaum Mühe es zu suchen*«) um sofort anschließend über seinen beruflichen Erfolg zu berichten. Nicht ohne Selbstbewusstsein vermutete er, Toni sei »*im Zwang der Verhältnisse das Bündnis eingegangen*«. Und er wünsche ihr alles Gute und viel Glück.

Toni bat ihn umgehend um eine letzte Zusammenkunft. Bei dieser Gelegenheit klärt sich auch Ottos eigenartiger Brief aus Bergedorf auf: Es gab eine reiche Witwe, mit der Otto ein Verhältnis gehabt hatte. Es scheint eine lange und gefühlsbetonte Aussprache gewesen zu sein: »*Werde – wenigstens den Verhältnissen nach – glücklich, lerne Deinen Hugo lieben; er hat es sich redlich verdient, nachdem er Dich schon so lange liebt. Vergieb mir alles, was ich Dir zugefügt habe und vergiß Deinen Otto*«

Aber ach: Wiederum 3 Tage später schrieb Toni, dass sie vorerst doch im Ruhrgebiet bleiben wolle. Otto war unsicher: »*Aber sag, Toni, bin ich es denn wirklich werth, daß Du mich noch so liebst & Dir meinetwegen mit Deinen Angehörigen noch Ungelegenheiten machst, ich, der Dir soviel Kummer und Schmerz zugefügt habe. Was ich als Sühne dafür thun kann, Dich die kurze Spanne Zeit glücklich & die bittere Zukunft vergessen machen kann, soll von Herzen geschehen, ich stehe ja so tief in Deiner Schuld.«*

Wir müssen uns das vorstellen: Wir schreiben das Jahr 1903, Otto und Toni kannten sich jahrelang, und ihr Kontakt bestand im wesentlichen aus Briefen. Toni ist seit ein paar Wochen mit einem anderen verlobt, und immer noch trifft sie sich mit Otto. Am 14. Oktober (also drei Wochen nach der Verlobung !!!) schreibt Otto: *»Weißt Du, Toni, seitdem ich Dich mein nennen kann.....«* – und schmiedet Zukunftspläne für sie beide. In seinem Geburtstagsbrief an Toni, wiederum 14 Tage später, schreibt Otto, dass er sich darauf freut, in spätestens zwei Jahren den Geburtstag gemeinsam mit Toni zu feiern und ihren Geburtstagstisch zu schmücken.

Es gibt noch eine allerletzte Postkarte vom 29. November 1903 von Otto an Toni: *»Um Rücksendung seiner Bücher ersucht Robaschik«*. Im Januar 1904 heiratet Toni Blunck meinen Großvater Hugo Zorn.

Textbeispiel 5:
Kindheitserinnerungen in der 3. Person

Christa Reimanns Text ist ein ausgezeichnetes Beispiel für eine Kindheitsbeschreibung, die bewusst in der 3. Person geschrieben ist: Christa erlebt die Geschehnisse noch einmal als kleines Kind. Gleichzeitig vermittelt auch dieser Text durch regionale und zeitgeschichtliche Bezüge (Straßen-, Stadtteil- und Schauspielernamen) ein authentisches, wiedererlebbares Bild. Die Zeitform des Präsens verstärkt die Unmittelbarkeit noch – die Leser sind auf diese Weise mittendrin.

Die 1935 geborene Christa hat mit ihren Geschichten erste Erfolge: Sie wurde im Oktober 2003 vom Kulturverein Erfurt eingeladen, um den unten abgedruckten Text innerhalb der Literaturtage vor geladenen Gästen zu lesen. Mit einer weiteren Geschichte aus ihren autobiographischen Erinnerungen (über »Kohlenklau« in der Nachkriegszeit) wurde sie beim Geschichtenwettbewerb der Hamburger Stadtzeitschrift »Hinz und Kunzt« ausgezeichnet.

Kino
Von Christa Reimann

»Mama, bin ich nun tot? Mama, es ist so dunkel. Mama, ich kann nicht atmen. Überall ist Staub.«
»Kind, du bist nicht tot. Du bist lebendig. Sonst könntest du nicht sprechen.«
»Aber ich muss husten. Mein Bein kann ich nicht bewegen. Mama!«
»Gib mir deine Hand, Kind.«
»Ich will dir meine Hand geben, Mama. Aber sie ist eingeklemmt.«
»Spürst du es, Kind? Ich hab jetzt deine Haare in der Hand.«
»Mama, ja. Aber ich erreiche nicht deine Hand an meinem

Kopf. Es geht nicht.«
»Kind, wir können jetzt nur warten.«
»Worauf, Mama?«
»Dass sie uns hier rausholen.«

*****

In der Grindelallee des Stadtteils Harvestehude in Hamburg gehen Christa und ihre Mutter in das Grindel-Kino. »Reitet für Deutschland« mit Willi Birgel soll dort gespielt werden. Willi Birgel ist in der Zeit des Zweiten Weltkrieges der Star des Kinohimmels. Jung und Alt rennen ins Kino, um ihn auf der Leinwand zu erleben. Christa sitzt eng an ihre Mutter geschmiegt in den Holzklappsitzen. Die Wochenschau wird abgespult. Die heldenhaften Siege der Wehrmacht im Osten und Westen gleiten an Christas Augen vorbei, obwohl Hamburg 1944 bereits in Schutt und Asche liegt. Das Grindelviertel mit dem Kino ist jedoch bis jetzt von Bomben verschont geblieben.

»Wann kommt denn nun Willi Birgel, Mama? Die Wochenschau da ist doch doof.«
»Tsch, tsch, Kind. Du musst ruhig sein. Wenn du das nicht sehen willst, dann guck weg, aber halt den Mund!«

Mitten in der Wochenschau plötzlich das Auf und Ab der Alarmsirenen. Vor die laufende Leinwand tritt der Luftschutzwart des Kinos und verkündet: »Wer will, kann gehen und die Schutzräume aufsuchen. Der Rundfunk meldet: ‚Feindliche Flieger über der Nordsee gesichtet.'«
»Ach, das ist weit.« – Hier und dort werden Stimmen laut. »Wir wollen weiter gucken. Und hierher kommen sie nicht.« Viele Menschen verlassen das Kino, aber etliche bleiben auch. Die Wochenschau ist zu Ende, und der Hauptfilm beginnt.
»Es wäre besser, wenn wir auch gingen.« Besorgt die Stimme von Christas Mutter.
»Ach, Mama, guck mal. Da ist er ja – Willi Birgel auf dem Pferd. Und die schöne Uniform. Und sein Schnauzbart. Fast wie Opa!« Die Stimme des Mädchens ganz aufgeregt. Der durchdringende Ton der Alarmsirenen ist immer noch zu

hören. Das Knattern der Flakgeschütze setzt nun auch ein. »Wir müssen hier raus, Kind. Es hat keinen Zweck mehr. Die Leute gehen schon fast alle.« Aber der Film läuft weiter, und Christa starrt verzückt hin. »Nur noch einen Augenblick, Mama. Bis er wieder zu sehen ist. Bitte, Mama.« Willi Birgel ist nicht mehr zu sehen, denn Ton und Bild sind abgeschaltet. Stockdunkel im Saal. Menschen, die den Ausgang erreichen wollen. Die Türen offen – das Tageslicht scheint hinein. Christa umklammert die Hand ihrer Mutter. Von den Nachschiebenden gedrängt, geht es langsam vorwärts. »Aber Mama, wenn der Alarm zu Ende ist, kommen wir wieder hier her, nicht?«

Ein Pfeifen und Dröhnen von draußen! Dann der Aufprall. »Wumm!«, geht es. Und noch einmal »Wumm!« Christa wird von der Hand ihrer Mutter weggerissen. Mörtel, Dreck und Staub prasseln auf sie nieder. Dann Stille. Eine Stimme: »Bleiben Sie ruhig. Eine Bombe hat den Eingang und den vorderen Teil des Zuschauerraumes getroffen.« Außer Christa und ihrer Mutter sind noch etliche Menschen mehr eingeschlossen. Sie hören sie stöhnen und weinen. Modergeruch aus bröckelnden Steinen.

»Mama, bin ich nun tot? Mama, es ist so dunkel. Mama, ich kann nicht atmen. Überall ist Staub.«
»Kind, wir können jetzt nur warten.«
»Worauf, Mama?«
»Dass sie uns hier rausholen.«

Endlich ist von draußen der langgezogene Ton der Entwarnung zu hören. Und dann das schabende Geräusch von Schaufeln.
»Seid ihr da? Meldet euch! Gleich haben wir die Tür freigelegt!« Christa sieht die Hand, die ihr durch die Trümmer entgegengestreckt wird. Sie kann sie nicht ergreifen. Ihre Arme – eingeklemmt durch Mauersteine und Holzteile der Sitze. Die Mutter langt über sie hinweg und erfasst die Hand.

»Hier sind welche. Komm, wir buddeln.« Eine junge aufgeregte Stimme.

Das Loch wird größer und größer. Sonnenhelligkeit des Nachmittags. Es blendet Christa, so dass sie die Augen schließen muss. Der Staub körnt unter ihren Lidern. Sie schafft es, ihre Arme von den Trümmern zu befreien und ergreift die Hand des Helfers. Der zieht und zieht. Dann steht sie auf dem Schuttberg vor dem Eingang des Kinos. Sie blickt sich um, auch ihre Mutter klettert ans Tageslicht. Dreckig, staubig, verschrammt stehen sie mit anderen Geretteten inmitten der Trümmer. An anderen Stellen im Steinhaufen wird noch eifrig gebuddelt. Die Buddelnden – vielleicht vier bis fünf Jahre älter als die neunjährige Christa. Jungen in H-J-Uniform.

»Komm, Kind. Wir wollen gehen. Hoffentlich steht unser Haus noch. Man gut, dass das keine Brandbomben waren.«
»Mama, Willi Birgel, wann kann ich Willi Birgel weitersehen?«

Textbeispiel 6:
Brief in Ich-Form

Die 1919 geborgen Ursula Michaels-Friederici war fast 60 Jahre mit ihrem Mann Wolfgang verheiratet, bis dieser an Alzheimer starb. Sie pflegte ihn die letzten beiden Jahre liebevoll – über ihren Schmerz konnte sie lange nicht sprechen oder gar schreiben. Als sie schließlich damit begann, war es ihr zunächst unmöglich, als »Ich« zu berichten – was sie sich aber eigentlich von Herzen wünschte. Ein »Trick« brachte den Durchbruch: Sie begann, Briefe an ihren Mann zu schreiben, in denen sie gemeinsame Momente erinnerte. Inzwischen kann sie auch andere Geschichten aus ihrem gemeinsamen Leben in der Ich-Form erzählen. Der hier abgedruckte Text ist zugleich ein exzellentes Beispiel für die Anregung und Freisetzung der Erinnerungen durch ein »Hilfsmittel« – in diesem Fall Fotos.

Weißt du noch?
Von Ursula Michaels-Friederici

Lieber Wolfgang,

drei Fotos aus verschiedenen Zeiten habe ich von dir. Auf einem bist du 35, auf dem zweiten 69 und auf dem dritten 92 Jahre alt. Drei Stationen unseres gemeinsamen Lebens sehe ich an. Ich weiß nicht, welches Foto mir besonders wichtig ist. In der ersten Woche nach der Beerdigung habe ich am liebsten das dritte Foto gemocht – es ist mir am nächsten gewesen, weil es die letzten Wochen deines Lebens zeigte.

Jetzt, dreizehn Monate nach deinem Sterben, nehme ich das Foto in die Hand, auf dem du 69 Jahre alt bist. Ich weiß, du bist nicht tot. Du lebst in einer anderen Dimension. Vielleicht bist du neben mir ... es ist tröstlich zu wissen, dass Liebe nicht sterben kann.

Ich sehe dein Bild an und frage dich: »Weißt du noch?«

Ich weiß noch, als wir zum ersten Mal mit unserem Wohnwagen auf den Campingplatz fuhren. Wie der Trecker den großen, neuen Wagen auf den Platz zog und wir uns ganz schrecklich fühlten. Wir hatten nicht darüber nachgedacht, dass auf stadtnahen Plätzen so ein Gefährt wie das unsere protzig wirken würde.

Wie Neureiche kamen wir uns vor – aber das waren wir nicht. Wir hatten auf der Messe einen Wohnwagen ausgesucht, zu dem uns der Verkäufer geraten hatte: »In Ihrem Alter sollten Sie einen komfortablen Wagen wählen.« Hier, neben den anderen Wohnwagen, wirkte er wie eine feudale Luxus-Limousine.

Nun konnten wir das nicht mehr ändern. Wir setzten uns in diesen Wagen und schauten ängstlich aus dem Fenster. Plötzlich kamen fünf Männer auf uns zu – fünf kräftige Kerle. Sie klopften kurz an unsere Tür – und ehe wir etwas sagen konnten, waren sie auch schon alle bei uns drin.

»Na, was habt ihr zu trinken?« fragte der eine. Ganz selbstverständlich setzten sie sich auf die Eckbank. Wir blieben stehen. Alle fünf sahen zu uns hoch, richtig frech guckten sie uns an. Erinnerst du dich, was dann geschah? Wir beide, du und ich, lachten auf einmal los. Als ob wir die ganze Situation wie ein Theaterstück erleben würden. Und – die fremden Besucher lachten mit. Hörst du noch dieses Gelächter? Es war so laut, dass ihre fünf Frauen, die offenbar draußen gewartet hatten, auch hereinkamen. Jetzt waren wir zwölf – zwölf Personen in unserem riesengroßen Wohnwagen, der jetzt viel zu klein war. Aber das machte uns nichts aus – wir hatten ja zu trinken: einen Kasten Bier und eine Flasche Korn. Wir wollten ja am folgenden Tag mit Freunden Einweihung feiern.

Eine schönere Einweihungsfeier als diese wäre nicht denkbar gewesen. An jenem Tag erlebten wir zum ersten Mal die ganz besondere Atmosphäre eines Campingplatzes. Nach dem gemeinsamen Lachen waren wir alle so vertraut miteinander, als ob wir uns schon seit Ewigkeiten gekannt hätten.

»Wir wollten mal schauen, was ihr für welche seid!« sagte Kalle, der Lastwagenfahrer.

»Wir wollten euch gleich zeigen, wo es hier längs geht!« ergänzte Merzi, der Lokomotivführer. Und dann redeten alle durcheinander, bis Rolli rief:

»Nee, ihr seid keine feinen Pinkel, ihr seid ja richtig wie wir!« Die anderen klopften mit ihren Fäusten auf den Tisch: Sie stimmten zu.

Rolli von der Stadtreinigung war wohl so etwas wie der Anführer, denn plötzlich stand er in seiner ganzen Länge und Breite vor dir, meinem mindestens drei Köpfe kleineren Ehemann, und legte dir seine Pranke auf die Schulter: »Und das sage ich vor allen hier: Wenn dir mal einer was tun will, dann sind wir aber alle da! Na, und dann kann der was erleben!«

Wir hatten Freunde gefunden.

Textbeispiel 7:
Direkte Anrede und zeitgeschichtliche Erläuterungen

Die 1927 geborene Annegret Krohn schreibt ihre Lebenserinnerungen für und an ihre Enkel – und »spricht« sie wiederholt auch regelrecht so an. Dadurch entsteht beim Lesen – nicht nur für die Enkel – eine vertraute Nähe. Ihr Text zeigt außerdem sehr schön, wie wertvoll es sein kann, Erinnerungen festzuhalten; Gegenstände der (damaligen) Zeitgeschichte, die heute schlicht verschwunden sind, werden so in Erinnerung gehalten, es werden Vergleiche zwischen damals und heute möglich.

Große Wäsche und Haushaltsführung
Von Annegret Krohn

Die Waschmaschine ist in meinen Augen eine der größten Erfindungen des vergangenen Jahrhunderts. Ihr könnt euch nicht vorstellen, was eine große Wäsche zu meiner Kinderzeit bedeutete! In meinem Elternhaus wurde sie für die sieben Personen umfassende Familie plus ärztlicher Praxis alle vier Wochen veranstaltet. Wir zogen natürlich nicht wie heute jeden oder jeden zweiten Tag frische Unterwäsche an – sondern einmal in der Woche, die Bettwäsche wurde alle vier Wochen gewechselt, und jedem stand ein Handtuch in der Woche zur Verfügung. Eine Dusche mit warmem Wasser gab es nicht, und das wöchentliche Bad war eine Haupt- und Staatsaktion, bei dem mehrere Kinder hintereinander im selben Badewasser abgeschrubbt wurden.

Nun also der Waschtag: Am Abend vorher weichte meine Mutter die schmutzige Wäsche in der Waschküche im Keller in Sodawasser ein, und zwar in großen, schweren Zinkwannen, die wir »Baljen« nannten. Am nächsten Morgen früh um sechs Uhr kam die Waschfrau, Frau Oelrich, von uns Kindern heiß geliebt und Tante Ölich genannt. Wahrscheinlich hatte meine Mutter, eure Urgroßmutter, vorher schon den Waschkessel mit der weißen Kochwäsche angeheizt und zum Kochen gebracht, so dass Tante Ölich die erste Portion mit einem langen Holzspatel in die Waschbalje umfüllen konnte. In dieser stand schräg die »Wäscheruffel«, ein Holzbrett mit gewelltem Zinkbeschlag, auf dem jedes Wäschestück gerieben und geruffelt wurde, bis es ganz sauber war. Ein Kessel nach dem anderen wurde gekocht, in dem heißen Wasser anschließend die Buntwäsche und zum Schluss die Socken gewaschen. Wir hatten in Meldorf keine Kanalisation – das heißt, jeder Tropfen Wasser aus der im Keller gelegenen Waschküche musste mit einer Handpumpe nach oben und draußen gepumpt werden und floss durch den Rinnstein offen auf die Straße. Zum Pumpen wurden wir Kinder häufig abkommandiert.

Spülen mussten wir draußen auf dem Hof, auch bei Eiseskälte im Winter, denn sonst hätten wir auch das viele Spülwasser noch hinaufpumpen müssen. Heute wird die Wäsche in der Maschine mit 1200 Umdrehungen in der Minute fast trocken geschleudert. Ihr könnt euch deshalb überhaupt nicht vorstellen, wie schwer es ist, selbst zu zweit einen klitschnassen, eisig kalten Bettbezug auszuwringen und an einer Wäscheleine aufzuhängen! Mit langen Wäschestangen stützten wir dann die vollen Leinen hoch. Im Winter war die Wäsche steif gefroren und fühlte sich an wie Bretter.

Auch wenn wir bis zum Kriegsende immer ein junges Mädchen im Haushalt hatten, gab es für meine Mutter an solchen Waschtagen besonders viel zu tun. Denn natürlich musste außerdem wie jeden Tag das ganze Haus sauber gemacht, eingekauft und gekocht werden. Meistens gab es mittags dicken Reis: Milchreis mit Zimt und Zucker.

War die Wäsche trocken, im Winter und bei Regen manchmal erst nach Tagen, wurde sie zu zweit gereckt, gelegt, angefeuchtet und vor dem Krieg und in den ersten Kriegsjahren in die elektrische Heißmangel gebracht. Man bekam einen festen Termin, und die Hausfrau oder ihre Hilfe machten selbst mit beim Mangeln. In den letzten Kriegsjahren und vor allem in den schweren Jahren nach dem Krieg war das nicht mehr möglich, und wir waren gezwungen, auf Omas »Rolle« zurückgreifen, eine schwere, gusseiserne, mechanische Mangel aus dem vorletzten Jahrhundert. Hier mussten wir Kinder wieder fleißig ran und abwechselnd die Rolle drehen. Das Rad brachte zwei Holzrollen gegenläufig in Bewegung, zwischen denen die Wäschestücke geglättet wurden. Dass die Rolle im kalten, dunklen Waschküchenflur stand, machte die Arbeit nicht beliebter!

Vielleicht fahren wir ja einmal zusammen nach Meldorf. In unserem alten Gymnasium ist jetzt ein Teil des Dithmarscher Landesmuseums untergebracht, in dem all die früher im Haushalt benutzten Geräte ausgestellt sind. Da könnt Ihr Waschbaljen und Ruffelbretter, Kohlenschaufeln und Bohnerbesen und auch die altmodische Einrichtung des Operationssaales bewundern, auf dessen Tisch eurer Großmutter der Blinddarm entfernt wurde.

Doch zurück zu meinem Elternhaus in der Hindenburgstraße. Neben der Waschküche befand sich auch die große Küche im Keller. Gleich rechts neben dem Eingang war der große Feuerherd eingemauert. Es gab mehrere Kochstellen, die man mit Ringen mehr oder weniger verschließen konnte, einen Backofen und ganz rechts ein tiefes Gefäß für heißes Wasser, aus dem wir das Wasser zum Abwaschen nahmen. Den Herd heizte man mit Eierbriketts, eiförmig gepressten Steinkohlen, die die Hitze lange hielten. Zum Abwaschen stand an der Wand ein Abwaschtisch, aus dem zwei Emailleschüsseln gezogen wurden, in der rechten reinigten meine Mutter oder unser Hausmädchen mit Sodawasser das schmutzige Geschirr, in der linken wurde es mit heißem Wasser nachgespült Das Sodawasser hinterließ einen unappetitlichen schwarzen Schmutz- und Fettrand, wie wir ihn heute im Zeitalter von Pril und ähnlichen Reinigungsmitteln gar nicht mehr kennen. In der Ecke befand sich der Handstein mit Kaltwasserhahn, in der Mitte der Arbeitstisch. Als Kinder mussten wir regelmäßig nach den Mahlzeiten Geschirr abtrocknen und versuchten immer, uns davor zu drücken. Dagegen habe ich freiwillig schon früh angefangen, Kuchen zu backen und meiner Mutter einiges beim Kochen abgeguckt, während Heinke nähte und strickte.

Von der Küche führte eine Tür in die begehbare Speisekammer, in der die Essensvorräte aufbewahrt wurden. Kühlschränke gab es ja noch nicht, so kamen Essensreste in einen Fliegenschrank, dessen vergitterte Tür die Insekten abhielt. Frische Lebensmittel mussten jeden Tag eingekauft werden, Milch holten wir in einer großen Kanne bei Milchmann Nissen, und auch rohes Fleisch konnte man nicht über Nacht in der Speisekammer liegen lassen.

Während des Krieges gab es alle Lebensmittel nur auf Karten. Im letzten Kriegsjahr bekam jeder pro Woche 62,5 g Butter. Unsere Mutter wog die einzelnen Portionen ab, und jeder stellte seinen Teller in den Fliegenschrank in der Speisekammer. Jetzt konnten wir die unterschiedlichen Persönlichkeiten studieren: Während der Sparsame sieben winzige Portiönchen abteilte und spätestens an den letzten drei Tagen ranzige Butter auf sein Brot kratzte, bestrich der Feinschmecker ein- oder zweimal am Anfang der Woche sein Brot richtig. Ganz abartig fand ich es, am Ende der Woche einmal eine große Menge ranziger Butter zu nehmen. Ratet ihr, zu welcher Gruppe ich gehörte? Meistens zur zweiten! Die auch heute noch sparsame Tante Heinke hielt dagegen sorgfältig mit ihrer Portion Haus.

Textbeispiel 8:
Besuch am Ort der Kindheit

Volkert Hinrichs wurde 1935 in Hamburg geboren und verbrachte einen Teil seiner Kindheit in Zingst an der Ostsee. Dorthin unternahm er 1996 mit seiner Frau und Bekannten eine Reise – seine Autobiographie ist eine Dokumentation der Erlebnisse und der Erinnerungen, die durch den direkten Kontakt mit diesen Plätzen seines frühen Lebens entstanden. Besonders beeindruckend an seinem Textausschnitt ist die Schilderung der in ihm emporsteigenden Bilder: der Klassenraum, die auferlegten, »offiziellen« Abläufe und Handlungsvorschriften – und seine eigenen Gefühle, mit denen er ehrlich und authentisch umgeht.

Die alte Schule in Zingst
Von Volkert Hinrichs

Wenn der Magen bis in die Kniekehle hängt, ist es Zeit, ihm etwas anzubieten, sonst knurrt er. Wir hatten Hunger und eigentlich nur noch eines im Sinn: ihn zu stillen. Mir war schon klar, dass ich den anderen einiges zumutete, zuvor mit mir noch meine »alte Schule« zu suchen. Begeistert waren sie nicht, willigten aber ein. Wir mussten nicht lange umherirren, schon sehr bald gelangten wir über drei, vier Querstraßen in die Schulstraße, da konnte unser Ziel nicht mehr weit sein. Bahnhofstraßen führen ja auch zum Bahnhof. Und richtig, wenig später standen wir vor der Grundschule Zingst: Ein grauer, dreistöckiger, nicht sehr einladend wirkender Bau, der mir völlig fremd vorkam.

Hier hatte ich vor 52 Jahren die Schulbank gedrückt? Na, ja, wenn ich mir die Fassade so ansah, alt war sie ja ... doch, dies war meine Penne im vierten Schuljahr. Mein Klassenraum lag im ersten Stock, letzte Tür links. Wir waren 34 Schüler in der Klasse, eine richtige Rasselbande, aber im Unterricht äußerst diszipliniert. Da achteten schon die Lehrer drauf, sie hatten so ihre Methoden. Beispielsweise wurde im wöchentlichen Wechsel ein Schüler zum Türdienst eingeteilt. Er hatte vor Beginn des Unterrichts auf dem Flur nach dem Lehrer Ausschau zu halten. Während die Klassenkameraden drinnen lautstark bewiesen, wie munter sie bereits waren und wie viel Temperament in ihnen steckte, hielt der Junge draußen vor der Tür die Augen offen. Sobald er den Lehrer oder die Lehrerin kommen sah, schlug er die Hacken zusammen und rief mit heller Jungenstimme ACHTUNG! Das – und nicht die Schulglocke – war für die Klasse das Zeichen, in strammer Haltung mit zum Hitlergruß erhobener Hand der eintretenden Lehrkraft ein einstimmiges, kräftiges HEIL HITLER entgegenzuschmettern. HEIL HITLER, klang es zurück, setzen! Damit war die Schulstunde eröffnet.

So lief es damals ab. Da ich zwei Jahre nach der Machtergreifung Hitlers geboren worden war, kannte ich es gar nicht anders, dieser Gruß war mir quasi in Fleisch und Blut übergegangen. Zwar lief es bei uns zu Hause anders ab, da mein Vater ja im Krieg und ich deshalb mit meiner Mutter allein war – aber wir grüßten so in der Schule, beim Einkaufen, überall im öffentlichen Leben. Gut für mich – ich konnte manch schlechte Note durch stramme Haltung ausgleichen, wie ich heute immer schmunzelnd erzähle. Ich war auch begeistert dabei und wäre zu gern Pimpf geworden – zum Glück verhinderte das damals mein Alter, da ich als Neunjähriger noch ein Jahr zu jung war. Kurz nach meinem zehnten Geburtstag war der Krieg und damit der braune Wahnsinn beendet.

Die Geräusche des munteren Schülertreibens auf dem Schulhof holten mich gedanklich in die Gegenwart zurück. Eine nicht mehr ganz junge Lehrerin führte die Pausenaufsicht. Vielleicht würde ich von ihr ja etwas mehr über die damalige Zeit erfahren. Wir missachteten das Schild: »Schulgelände – Unbefugten ist der Zutritt verboten«, fühlten uns befugt und betraten staatlichen Boden. Die Lehrerin kam auf uns zu. Bevor ich etwas sagen konnte, fragte sie:

»Kann ich Ihnen helfen?«

»Mit bisschen Glück. Ich bin auf Spurensuche. 1944 habe ich diese Schule besucht. Wir wohnten damals bei Familie Sievers, die Tochter hieß Brigitte.«

Ihre Augen strahlten. »Brigitte Sievers? Die kenne ich, wir sind zusammen in eine Klasse gegangen. Ihre Eltern sind schon lange tot. Sie ist verheiratet, heißt jetzt Leuschner, wohnt aber nicht mehr in ihrem Elternhaus – das wurde verkauft – sondern in der Grünen Siedlung, ich weiß allerdings nicht, wo.«

»Das bekommen wir schon heraus.« Ich schaute sie erleichtert an. »Sie haben mir sehr geholfen, vielen Dank.« Die Lehrerin lächelte freundlich: »Gern geschehen. Aber nun habe auch ich eine Frage. Woher kommen Sie?«

»Aus Hamburg.«

»Aus Hamburg! Als Studentin wäre ich beinahe einmal dort hingekommen, leider hat es dann doch nicht geklappt, danach ging es ja nicht mehr. Aber wer weiß? Man soll nie nie sagen. Und jetzt machen Sie hier Ferien?«

»Nein, nein, wir sind zu Besuch hier – wie gesagt, auf Spurensuche.«

Die Schulglocke verkündete das Ende der Pause. Die Schüler schlenderten mit dem Bewusstsein ins Gebäude, nur noch eine Unterrichtsstunde ausharren zu müssen. Die Lehrerin schaute auf die Uhr: »So, nun muss auch ich wieder, auf zur letzten Runde. Ich wünsche Ihnen noch schöne Tage in Zingst und eine gute Heimfahrt!«

»Danke, Ihnen auch alles Gute. Eines hätte ich aber gern noch gewusst: Seit wann besteht diese Schule?«

»Soweit ich weiß, wurde sie Ende der dreißiger Jahre gebaut.« Augenzwinkernd fügte sie hinzu: »Also im vorigen Jahrhundert.«

Wir mussten lachen – auch wir stammen aus dem vorigen Jahrhundert.

Textbeispiel 9:
Anekdoten aus dem Arbeitsleben

Renate Kraney schreibt Ihr Leben in einzelnen Episoden auf, die meist nur lose oder gar nicht zusammenhängen. Schwerpunkt bildet dabei ihr Berufsleben: Sie war als Sekretärin tätig und hat unter anderem auch für eine deutsche Firma auf den Philippinen gearbeitet. Ihr Text zeigt, dass auch ein ganz »normales« Leben durchaus mit spannenden, ungewöhnlichen und kuriosen Ereignissen gespickt sein kann – und rundet mit seiner Schluss-Pointe nicht nur ihr Kapitel, sondern dieses ganze Buch wunderbar ab.

Beate Uhse
Von Renate Kraney

Einer meiner Chefs, für den ich über 15 Jahre tätig war, war überzeugter Yoga-Anhänger. Auf seinen unzähligen Reisen nach Fernost führte ihn sein Weg auch nach Indien auf der Suche nach einem Yoga-Lehrer, der ihn zur Erleuchtung führen sollte. So kamen auch immer wieder Gäste aus Fernost zu uns, die es sich auf seine Kosten in Deutschland gut gehen ließen.

Eines Tages erschien ein Museumsdirektor aus Kalkutta in Hamburg. Er hatte ein Buch über die indische Liebeskunst geschrieben und wollte nun seine Ausführungen mit denen der Beate Uhse vergleichen, von der er sogar im weit entfernten Indien schon gehört hatte.

Zu meinen Aufgaben gehörte es, dass ich hin und wieder die fernöstlichen Gäste auf ihren Einkaufstouren begleitete. So traf mich das Los, diesen indischen Museumsdirektor auf der Suche nach dem Buch von Beate Uhse zu unterstützen. Ich muss gestehen, dass ich mich damit auf ein für mich völlig fremdes Gebiet begab – in meiner Naivität dachte ich: Dieses Buch bekommt man locker in jeder Buchhandlung.

So steuerte ich mit ihm eine renommierte Buchhandlung am feinen »Neuen Wall« an. Eine würdig aussehende Verkäuferin im grauen Kostüm mit strenger Frisur und Brille kam auf uns zu und fragte uns in typisch hanseatisch verhaltener Art nach unseren Wünschen. Als ich Beate Uhse erwähnte, versteifte sie sich sichtlich, bekam ein noch strengeres Aussehen und sah mich an, als hätte ich sie persönlich beleidigt. Wie eine Schlange zischte sie mich an: »So etwas führen wir nicht!« Ob dieser Zumutung schob sie uns danach fast aus dem Laden heraus, damit wohl die anderen Kunden nichts von meinem für sie offenbar abartigen Wunsch hörten.

So standen wir dann wieder auf der Straße. Ich hatte keine Ahnung, wo ich nun einen Beate Uhse-Laden finden sollte, denn dort gab es ja sicher das Buch. Da ich außerdem noch den Auftrag erhalten hatte, für den Inder einen Samsonite-Koffer zu kaufen, gingen wir zunächst ins Alsterhaus und erstanden dort einen. Ich hatte Zeit zum Überlegen gewonnen.

Und wirklich – mir kam die Idee, dass uns sicher ein Taxifahrer helfen könne, vielleicht würde sich die Fahrt aufgrund der Entfernung auch für ihn lohnen. Schnell war vor dem Alsterhaus ein Taxi gefunden. Der freundliche Fahrer verstaute den großen Koffer im Kofferraum und fragte mich nach unserem Fahrtziel. Ein wenig verlegen war ich schon, doch dann stieß ich hervor: »Wir möchten zu Beate Uhse, aber ich habe keine Ahnung, wo sich der Laden befindet!«

»Ich bringe Sie hin«, antwortete er freundlich. Dann drehte er sich zu mir um und meinte mit einem breiten Grinsen im Gesicht: »Das finde ich toll. Ich fahre ja nun schon lange Taxi – aber ich habe noch nie erlebt, dass jemand dort gleich mit einem Koffer einkaufen geht!«

Literaturtipps

Es gibt viele Bücher, die Sie auf dem Weg des eigenen Schreibens begleiten können. Ich stelle Ihnen bewusst nur eine kleine, aber feine Auswahl vor – Bücher, die ich unter verschiedenen Aspekten wichtig für das Schreiben erachte.

Biographische Themen

Hans G. Ruhe: *Methoden der Biografiearbeit. Lebensspuren entdecken und verstehen.* Beltz, 2003
Jürgen vom Scheidt: *Kreatives Schreiben. Texte als Wege zu sich selbst und zu anderen.* Fischer, 2003
Günter Waldmann: *Autobiografisches Schreiben als literarisches Schreiben.* Schneider-Verlag, 2000

Schreiben allgemein

Julia Cameron: *Von der Kunst des Schreibens.* Knaur, 2003
Fritz Gesing: *Kreativ Schreiben.* Dumont, 1994
Nathalie Goldberg: *Schreiben in Cafés.* Autorenhaus-Vlg, 2003
Otto Kruse: *Kunst und Technik des Erzählens.* Zweitausendeins, 2001
Rebecca McClanahan: *Schreiben wie gemalt.* Zweitausendeins, 2002
A.M. Textor: *Sag es treffender.* Rowohlt, 2002

Buchherstellung

Andreas Mäckler: *Books on Demand für Memoiren und Familienchroniken.* BoD, 2002
Andreas Mäckler: *Selbstverlag – Das eigene Buch erfolgreich vermarkten.* Sequenz Medien, 2. Aufl. 2000
Horst-Dieter Radke: *Word für Autoren und Selbstverleger. Kreatives Schreiben und Veröffentlichen mit dem PC.* Autorenhaus, 2001

Sandra Uschtrin, Michael Joe Küspert (Hrsg.): *Handbuch für Autorinnen und Autoren. Informationen und Adressen aus dem deutschen Literaturbetrieb und der Medienbranche.* 6. Auflage. München: Uschtrin Verlag 2005
Internet: www.uschtrin.de. (Diese Seite von Sandra Uschtrin möchte ich allen Schreibenden ans Herz legen. Auch erfahrene Autoren finden hier wirklich alles, was man über Schreiben, Veröffentlichen und den Literaturbetrieb wissen sollte.)

Deutsches Jahrbuch für Autorinnen und Autoren 2003/2004. Schreiben und Veröffentlichen: Theater, Film/TV, Hörmedien, Buch – Über 2000 Medien-, Literatur- und Verlagsadressen, Programme, Manuskriptaspekte und aktuelle Themen. Autorenhaus-Verlag
Internet: www.autorenhaus.de

Britta Schwarz: *So verkaufen Sie Ihr Buch! Erfolgsstrategien und Marketing für Autoren und Selbstverleger.* Autorenhaus-Verlag, 2001

Sylvia Englert: *So finden Sie einen Verlag für Ihr Manuskript. Schritt für Schritt zur eigenen Buchveröffentlichung.* Campus Verlag, 2003

J. Jessen, M. Meyer-Maluck, B. Schlück, T. Schlück: *Traumberuf Autor. So finden und überzeugen Sie den richtigen Verlag.* mvg, 2001

Manfred Plinke: *Handbuch für Erstautoren. Wie ich mein Manuskript anbiete und den richtigen Verlag finde.* Autorenhaus-Verlag, 2003

Verlagsfragen und Literaturagenturen

Dieter Berger: *Duden Taschenbücher,* Band 25: *Geographische Namen in Deutschland.* Bibliographisches Institut, 1999

Anke Fischer: *Familienchronik.* Edition XXL, 2002

Matthew und April L. Helm (Hg.): *Ahnenforschung Online für Dummies.* mitb, 2000

Rosa und Volker Kohlheim (Hg.): *Duden. Familiennamen. Herkunft und Bedeutung von über 20.000 Nachnamen.* Bibliographisches Institut, 2000

Konrad Kunze (Hg.): *dtv-Atlas Namenkunde.* dtv, 2003

Eike Pies: *Abenteuer Ahnenforschung.* Brockhaus, 1994

Wolfgang Ribbe: *Taschenbuch für Familiengeschichtsforschung.* Degener, 2001

Christina Zacker: *Anleitung zur Ahnenforschung.* Battenberg, 2003

Ahnenforschung

Romane Die beiden hier angeführten Werke möchte ich Ihnen mit einem Augenzwinkern ans Herz legen: Es sind zwei meiner Lieblingsbücher, die beide auf Ihre ganz eigene Art mit dem Thema »autobiographisches Schreiben« umgehen. Lassen Sie sich überraschen ...

Herbert Rosendorfer: *Briefe in die chinesische Vergangenheit.* dtv, 1986

Patrick Süskind: *Die Geschichte von Herrn Sommer.* Diogenes, 2000

Und dann noch dies Der Dichter und Satiriker Robert Gernhardt hat in seinem langen Gedicht »Herz in Not« seine Bypass-Operation verarbeitet – es ist ein beeindruckendes und ergreifendes Beispiel für eine autobiographische Lebens-Klärung. Sie finden es in:

Robert Gernhardt: *Lichte Gedichte.* Haffmanns, 1997

Internetadressen

Das World Wide Web ist eine wahre Fundgrube für jedes beliebige Thema. Es gibt nichts, was man nicht findet – doch genau da liegt auch ein Problem: Wie soll man sich bei dieser schier unüberschaubaren Masse zurechtfinden?

Ich möchte Ihnen einige für das autobiographische Schreiben wichtige Tipps geben:

Eine der besten Suchmaschinen ist Google. Unter

www.google.de

können Sie detailliert Stichworte eingeben, um Websites zu finden, die zu Ihrem gesuchten Thema Informationen anbieten. Geben Sie bei Google das Stichwort »Antiquariat« ein, und Sie finden fast 900.000 Einträge. Spezialisieren Sie die Ergebnisse durch Zusatzangaben wie »Bücher«, »Möbel«, »Gemälde« oder andere Gegenstände, die Sie suchen. Auch regionale Einschränkungen (zum Beispiel »Hamburg«, »München« oder »Thüringen«) sind sinnvoll.

Literatur zum Thema »Autobiographie« finden Sie bei den renommierten Internetbuchhändlern wie

Literatur

www.amazon.de
www.bol.de
www.buecher.de
www.buch24.de

Es gibt aber auch Antiquariats-Buchhandlungen. Sie können Glück haben und dort alte, bereits vergriffene und nicht mehr neu aufgelegte Buchtitel finden:

www.zvab.com
Das »Zentrale Verzeichnis Antiquarischer Bücher«. Hier finden Sie mehr als 9 Millionen antiquarische Bücher, Noten, Graphiken, Autographen und Postkarten von mehr als 1.500 Antiquariaten aus 20 Ländern.

www.abebooks.de
Ein großer Marktplatz für antiquarische, vergriffene und gebrauchte Bücher weltweit mit einem Bestand von mehr als 50 Millionen Büchern von mehr als 12.000 Anbietern aus der ganzen Welt.

www.booklooker.de
Der Bücherflohmarkt im Internet: Mehr als 3 Millionen Bücher und viele Schnäppchen.

www.antbo.de
www.bibliopoly.ch
www.antiquario.de

Ahnenforschung Auch für den Bereich Ahnenforschung und Heraldik gibt es sehr viele Adressen. Einige wichtige mit kurzer Erläuterung:

www.weltchronik.de
Weltchronik, Deutsche Chronik, Kulturchronik, Biographien, Bilddatenbänke

http://home.bawue.de/~hanacek/info/ddatbase.htm
Internetquellen zur Genealogie des deutschen Sprachraumes

http://de.dir.yahoo.com/Forschung_und_Wissenschaften/
Geisteswissenschaften/Geschichte/Genealogie
Yahoo-Portal: Linksammlungen zu Organisationen, Abstammung und Familiennamen, Wappenkunde und Software

www.ahnenforschung.net
Eine umfangreiche Website zu verschiedenen Themen (allgemeine und private genealogische Internetseiten, Online-Datenbanken, Software – z.B. Genealogieprogramme, Archive, Literaturtipps, Heraldik, Schriftenkunde, Religion und Glaubensgemeinschaften, Diskussionsforen, regionale Forschung, Auswanderung, Adel u.a.)

www.genealogienetz.de
Die Deutsche Genealogische Gesellschaft bietet Unterstützung bei der Ahnensuche an.

www.tagebucharchiv.de
Das Deutsche Tagebucharchiv bietet Ihnen die Möglichkeit, eigene Tagebücher Geschichtswissenschaftlern zur Verfügung zu stellen.

www.heraldik-wappen.de
Die Überschrift der Website kündigt an: »Ein Knotenpunkt zum Thema Wappenkunde«. Und das ist auch richtig ...! Zahlreiche Linklisten und Foren zum Thema.

www.nedgen.com
Eine umfangreiche und übersichtlich gegliederte Suchmaschine zum Thema Ahnenforschung.

www.genealogienetz.de
Die Website der »Deutschen Genealogischen Gesellschaft« bietet kompetente Unterstützung bei der Ahnensuche: Regionale Forschung, genealogische Vereine, Datenbanken, Software, Mailinglisten, genealogisches Ortsverzeichnis, Ortsfamilienbücher, Vorlagen für Briefe am Kirchen, Ämter, Archive und Organisationen.

www.ahnen-und-wappen.de
Mit Links zu Literatur, Heraldik und Genealogie sowie Ahnenforen aller deutschen Bundesländer und im Ausland.

www.genealogyscout24.de
300 private Seiten der Ahnenforschung, Webringe, Vereine, Datenbanken, Schiffs- und Passagierlisten, Kirchenadressen, Kartensammlungen.

Software Es gibt eine große Anzahl guter Software, um Ahnentafeln und Stammbäume zu erstellen oder Familienforschung zu betreiben. Einen guten Überblick über Software in verschiedensten Preislagen und Ausstattungen finden Sie im Internet unter
www.genealogie-ahnenforschung.de

Einige Händler bieten auch Vordrucke an, in die Sie dann handschriftlich die entsprechenden Namen und Daten einfügen können.

Bezugsadressen:

Grafik und Heraldik
Horst Herrndorff
Mundsburger Damm 30
22087 Hamburg
Tel.: 040 – 29 17 72
www.herrndorff-heraldik.de
Horst Herrndorff hat uns freundlicherweise auch die im Kapitel »Gestaltung« abgebildeten Vordrucke zur Verfügung gestellt.

Verlag Degener & Co.
Nürnberger Str. 27
91413 Neustadt / Aisch
Tel. 091 61 – 88 60 39
www.degener-verlag.com

C. A Starke Verlag
Zeppelinstraße 2
65549 Limburg a. d. Lahn
Tel. 064 31 – 961 50
www.starkeverlag.de

Museen

In der vielfältigen Museumslandschaft im deutschsprachigen Raum können diese Angaben nur einen ersten Überblick vermitteln. Wenn Sie weitere Museen kennen, die sich speziell mit dem Thema »Leben« beschäftigen, dann teilen Sie uns das gerne mit, damit wir es in der nächsten Auflage dieses Buches berücksichtigen können. (Die Kontaktadresse finden Sie weiter hinten im Kapitel »Über den Autor«.)

www.museum.com
Weltweites Verzeichnis von Museen mit Adressen, Beschreibung und Veranstaltungsterminen

Überblicke

www.webmuseen.de
Alle deutschsprachigen Museen in Linklisten zusammengefasst

www.vl-freilichtmuseen.de
Alphabetische Liste aller Freilichtmuseen in Deutschland

Baden-Württemberg
www.netmuseum.de
Der Museumsführer für Baden-Württemberg mit umfangreichem Personen- und Sachindex, Museumssuche per Ort und Karte und Ausstellungskalender

Museen in den einzelnen Bundesländern

Bayern
www.bayern.de/KulturFreizeit/museen_und_sammlungen.html
www.museen-in-bayern.de
Landesstelle für die nichtstaatlichen Museen in Bayern

Berlin

www.berlin.de/museen-galerien
Mit Museumsführer und Veranstaltungskalender

Brandenburg

www.museen-brandenburg.de
Museumsverband des Landes Brandenburg, sortiert nach Orten, Kreisen und Themen

Bremen

www.bremen.de/besucher.html
Museumsliste, unter anderem mit dem Spielzeugmuseum, dem Tischlereimuseum, der Schulgeschichtlichen Sammlung, der Deutschen Auswanderer-Datenbank und dem Rundfunkmuseum

Hamburg

www.museumsdienst.hamburg.de

www.freizeitziele.hamburg.de
Alle Hamburger Museen übersichtlich dargestellt

Hessen

www.museen-in-hessen.de
Die hessischen Museen nach Orten, thematisch und alphabetisch gegliedert

Mecklenburg-Vorpommern

www.mecklenburg-vorpommern.de/kultur/museen.html
Umfangreiche Linksammlung zu allen Museen

Niedersachsen

www.niedersachsen.de
Die Museen finden Sie dort unter »Kultur und Freizeit« oder über
www.webmuseen.de
unter »Museen im deutschsprachigen Raum«, »Regionen«, »Niedersachsen«

Nordrhein-Westfalen

www.museumsverband-rheinland.de

*Der »Verband Rheinischer Museen«: Museen, Galerien, Spezial-
und Privatsammlungen*

Rheinland-Pfalz

www.museen.rlp.de

*Der Museumsverband von Rheinland-Pfalz: 435 Museen nach
Orten, Namen und Sammlungsschwerpunkten sortiert*

Saarland

www.museumsverband-saarland.de

*Mit alphabetisch geordnetem Ortsverzeichnis, Publikationen, Schule
& Museum*

Sachsen

www.sachsen.de/de/kf/museen

*Umfangreiche Linkliste, unter anderem zum Deutschen Hygienemuse-
um, zum Erich-Kästner-Museum und zum Karl-May-Museum*

Sachsen-Anhalt

www.mv-sachsen-anhalt.de

*Der Museumsverband Sachsen-Anhalt mit Ortsverzeichnissen und
Sammlungsschwerpunkten*

Schleswig-Holstein

www.museen-sh.de

*Linkliste mit 263 Museen in Schleswig-Holstein, sortiert nach Typ,
Ort, Region, Suchbegriff*

Thüringen

www.thueringen.de/de/museen

*Hier sind vor allem die kulturgeschichtlichen Museen interessant,
die in einer umfangreichen Liste nach Orten sortiert sind*

Museen im Landkreis Ludwigsburg:
www.landkreis-ludwigsburg.de/kreisgebiet/tourismus/
museen.html

Museen der Region Lausitz:
www.lausitz.de/tourismus/kunst_kultur/museum.php

Einzelmuseen und
themenorientierte Museen

Deutsches Museum München
Museumsinsel 1
80538 München
Telefon: 089 – 217 91
www.deutsches-museum.de

Deutsches Technikmuseum Berlin
Trebbiner Straße 9
10963 Berlin
Telefon: 030 – 902 540
www.dtmb.de

Landesmuseum für Technik und Arbeit in Mannheim
Museumsstraße 1
68165 Mannheim
Telefon: 0621 – 429 89
www.landesmuseum-mannheim.de

Historisches Museum
Saalgasse 19 (Römerberg)
60311 Frankfurt am Main
Telefon: 069 – 212 355 99
www.historisches-museum.frankfurt.de

Museum der Arbeit
Wiesendamm 3
22305 Hamburg
Telefon: 040 – 428133-0
www.museum-der-arbeit.de

Museum für Hamburgische Geschichte

Holstenwall 24
20355 Hamburg
Telefon: 040 – 428 132 23 80
www.HamburgMuseum.de

Deutsches Filmmuseum

Schaumainkai 41
D-60596 Frankfurt am Main
Tel: 069 – 212 388 30
www.deutsches-filmmuseum.de

Deutsches Kochbuchmuseum Dortmund

An der Buschmühle
44139 Dortmund
Telefon: 0231 – 502 57 41
www.museendortmund.de/kochbuchmuseum

Hamburger Schulmuseum

Seilerstraße 42
20359 Hamburg
Telefon: 040 – 352 946
www.hamburgerschulmuseum.de

Westfälisches Schulmuseum

An der Wasserburg 1
44379 Dortmund
www.museendortmund.de/schulmuseum

Erzgebirgisches Spielzeugmuseum Seiffen mit Freilichtmuseum

Hauptstraße 73
09548 Seiffen
Telefon: 037362 – 8239
www.spielzeugmuseum-seiffen.de

Das virtuelle Puppenmuseum
www.puppenhausmuseum.com
*Katharina Gerstorfers private Sammlung umfasst aktuell etwa 20
alte Puppenstuben und um die 50 alte und neue Puppenhäuser mit
Inventar sowie etwa 150 Puppen.*

Zucker-Museum
Amrumer Straße 32
13353 Berlin
Telefon: 030 – 314 275 74
www.dtmb.de

Museumsstiftung Post und Telekommunikation
www.museumsstiftung.de
*Die Stiftung wurde 1995 im Zuge der bundesdeutschen Postreform
gegründet. Sie führt je ein Museum für Kommunikation in Berlin,
Frankfurt, Hamburg und Nürnberg sowie das Archiv für Philate-
lie in Bonn. Ihr Angebot umfasst neben Dauer- und Wechselaus-
stellungen auch Vorträge, Führungen, Filme, Workshops, Kinder-
werkstätten und Museumsfeste.*

Internet-Auftritt der Deutschen Bundesbank
Wilhelm-Epstein-Str. 14
60431 Frankfurt am Main
Tel.: 069 – 956 630 73
www.geldmuseum.de

Institutionen

Deutsches Bundesarchiv
Potsdamer Str. 1
56075 Koblenz
Tel.: 0261 – 5050
www.bundesarchiv.de
Das Bundesarchiv sichert die Überlieferung zentraler Organe der Bundesrepublik Deutschland (seit 1949), der Deutschen Demokratischen Republik (1949-1990), des Deutschen Reiches (1867/71-1945) und des Deutschen Bundes (1815-1866). Das Bundesarchiv sammelt auch schriftliche Nachlässe von bedeutenden Personen, Unterlagen von Parteien, Verbänden und Vereinen mit überregionaler Bedeutung sowie publizistische Quellen. Aus dem Archivgut werden Auskünfte erteilt.

Deutsche Geschichte

Stiftung Haus der Geschichte der Bundesrepublik Deutschland
Museumsmeile, Willy-Brandt-Allee 14
53113 Bonn
Tel.: 0228 – 91 65-0
www.hdg.de

Augsburg
www.augusta.de/augsburg/geschichtswerkstatt

Geschichtswerkstätten

Bayreuth
www.geschichtswerkstatt-bayreuth.de/

Berlin
www.berliner-geschichtswerkstatt.de
Zentrum für Antisemitismusforschung (ZfA), Technische Universität Berlin
www.tu-berlin.de/~zfa

Bodensee
Arbeitskreis Regionalgeschichte Bodensee e.V.
www.ak-regionalgeschichte-bodensee.de

Bonn
www.bonner-geschichtswerkstatt.de

Dresden
www.dresden-
nordwest.de/nwo/geschichtswerkstatt.html

Düsseldorf
www.geschichtswerkstatt-duesseldorf.de

Göttingen
http://wwwuser.gwdg.de/~gwgoe

Hamburg
www.hamburger-geschichtswerkstaetten.de

Zeitzeugenbörse Hamburg
p. A. Seniorenbüro Hamburg e.V.
Steindamm 87, 20097 Hamburg
Tel.: 040 – 30 39 95 07
www.seniorenbuero-hamburg.de

Hamburger Institut für Sozialforschung
www.his-online.de

Hildesheim
www.hildesheimergeschichtswerkstatt.de

Köln
www.gw-kalk.de
www.geschichtswerkstatt-koeln-brueck.de
www.geschichte-in-koeln.de

Lüneburg
www.luene-info.de/gw/gw.html

Marburg
www.gw-marburg.online-h.de

München
www.geschichtswerkstatt-neuhausen.de
Institut für Zeitgeschichte
www.ifz-muenchen.de

Oberhausen
www.geschichtswerkstatt-oberhausen.de

Rostock
www.geschichtswerkstatt@buergerhaus-rostock.de

Schleswig-Holstein
Arbeitskreis für Wirtschaft und Sozialgeschichte
www.arbeitskreis-geschichte.de

Siegen
www.geschichtswerkstatt-siegen.de

Tübingen
www.geschichtswerkstatt-tuebingen.de

Österreich

Österreichisches Staatsarchiv
www.oesta.gv.at
Stichworte: Genealogie, Archivwesen, Geschichte, Kultur

Österreichische Nationalbibliothek
www.onb.ac.at
Die Österreichische Nationalbibliothek versteht sich als »dienstleistungsorientiertes Informations- und Forschungszentrum, herausragende Gedächtnisinstitution des Landes und vielfältiges Bildungs- und Kulturzentrum.«

Österreichisches Literaturarchiv
www.onb.ac.at/sammlungen/litarchiv/index.htm
Darunter auch folgendes Portal:
www.onb.ac.at/koop-litera/explore
Die kommentierte Linksammlung umfasst österreichische Archive, Bibliotheken, Dokumentationszentren und Museen, die moderne Nachlässe und Autographen bzw. damit in Verbindung stehende audiovisuelle oder digitale Dokumente verwalten.

Oberösterreichischer Museumsverbund
www.ooemuseumsverbund.at

Museen in Wien
www.wien.gv.at/ma53/museen
Alphabetischer, Bezirks- und thematischer Index

Museen in Klagenfurt
www.klagenfurt.at/neu/index.htm
Dort unter »Kultur« und »Museen« schauen

Museen in Vorarlberg
www.vorarlbergmuseen.at

www.graz.at/bildung_kultur
*Die Aufgabe des Stadtmuseums ist die Aufbereitung und
Darstellung der Grazer Stadtgeschichte*

www.salzburg.gv.at/museen.htm
117 Museen im Land Salzburg nach Ort und Themen sortiert

Genealogie in Österreich   *Ahnenforschung*
www.rootsweb.com/~autwgw/index.htm

Institut für Historische Familienforschung
*Ahnenforschung in einigen Ländern der ehemaligen Österreich-
Ungarischen Monarchie*
www.ihff.at

Österreichisches Filmmuseum   *Themen*
www.filmmuseum.at

Klagenfurter Kinogeschichte
www.kinogeschichte.at

Dachverband der Volksliedwerke der Bundesländer
www.volksliedwerk.at

Schweiz

Institutionen www.museums.ch
www.vms-ams.ch
Museen in der Schweiz mit Links zu regionalen Museumsverbänden

Schweizerische Landesmuseen
www.musee-suisse.ch

Arte 24
www.arte24.ch
Arte 24 ist eine Anlaufstelle für Kunst und Kultur in der Schweiz mit sämtlichen museumsrelevanten Informationen.

Schweizerische Landesbibliothek
www.snl.admin.ch

Schweizer Sozialarchiv
www.sozialarchiv.ch
Das Schweizerische Sozialarchiv ist eine traditionsreiche Institution von gesamtschweizerischer und internationaler Bedeutung. Mit seinen Bibliotheks-, Dokumentations- und Archivbeständen besitzt das Sozialarchiv eine umfangreiche Sammlung von Dokumenten verschiedenster Art: Bücher, Zeitschriften, Zeitungen, Jahresberichte, Broschüren, Flugblätter, Poster und Plakate, Archivalien, Zeitungsausschnitte und Bilddokumente.

www.industriekultur.ch
Informationen und Links zur Schweizer Industriekultur

www.museen-bern.ch
www.museen-luzern.ch
www.museen-zuerich.ch

Regionale Museen

www.museen-basel.ch
Mit umfangreicher Linksammlung, unter anderem zum Spielzeug-museum, Musikautomatenmuseum und Kutschenmuseum

Schweizer Familienforschung im Internet

Ahnenforschung

www.eye.ch/swissgen/schweiz.html

Dank

Viele Menschen haben die Entstehung dieses Buches begleitet. Ich möchte einigen besonders danken:

»Meinen« Seminarteilnehmern, die mir mit ihren Fragen, Anregungen und Ideen den Weg für dieses Buch geebnet haben. Insbesondere möchte ich Elvi Stammeier, Ingrid Gehrmann, Christiane Widderich, Irene Sonntag, Christa Reimann, Ursula Michaels-Friederici, Dr. Annegret Krohn, Volkert Hinrichs und Renate Kraney hervorheben, deren Texte ich verwenden durfte – sowie Gerda Iden und Helga Albinus für ihre Titelblätter.

Dr. Andreas Mäckler für das Layout und die partnerschaftliche Zusammenarbeit.

Dr. Jochen Brems für Fachtipps und sein sonstiges autobiographisches Engagement.

Innokenti »Kescha« Baranov (www.innokenti.de) für Grafik und Schokolade.

Meinen »Kontrolleuren« für geduldige Adleraugen, wertvolle Tipps und Motivation: Meinen Eltern Telse und Hans-Wilhelm, Tine Schulze und Doris Krumrei.

Stefan Schwidder

 lebt und arbeitet als Dozent und Autor in Hamburg. Während und nach seinem Germanistikstudium schrieb er als freier Kultur-Journalist für verschiedene Medien in Hamburg (u.a. Welt am Sonntag, Hamburger Abendblatt, Deutsches Allgemeines Sonntagsblatt, NDR und Radio Hamburg) sowie als Online-Redakteur für AOL. Daneben konzipierte und gestaltete er die Internetauftritte und Kataloge von Firmen, Verbänden und Sendern (u.a. Pro Sieben). Seit einigen Jahren ist er Dozent und Trainer für Kreatives Schreiben (Jugend- und Erwachsenenbildung, berufsspezifische Weiterbildung in Redaktionen und Firmen). Ein Arbeitsschwerpunkt ist die Betreuung von Menschen beim Erstellen Ihrer »eigenen« Geschichte(n) – von der Idee über Stil, Ausdruck und Aufbau bis hin zur Gestaltung. Gemeinsam mit Dr. Andreas Mäckler gründete er 2004 das Zentrum für Biographisches Schreiben.

Stefan Schwidder leitet regelmäßig Schreibseminare und Schreibreisen. Mehr Informationen finden Sie auf seiner Website

www.schoener-schreiben.de

Wenn Sie zu diesem Buch Anregungen, Kritik oder Wünsche haben, dann nehmen Sie gerne Kontakt auf:

Stefan Schwidder
Novalisweg 21
22303 Hamburg
Telefon: 040 – 27 88 01 06
E-Mail: stefan.schwidder@web.de